LA INCONSTITUCIONAL CONVOCATORIA DE UNA ASAMBLEA
NACIONAL CONSTITUYENTE EN FRAUDE A LA VOLUNTAD POPULAR

COLECCIÓN TEXTOS LEGISLATIVOS

Títulos publicados

1. *Ley Orgánica de Procedimientos Administrativos*, con Estudios de Allan R. Brewer-Carías, Hildegard Rondón de Sansó y Gustavo Urdaneta Troconis, 15ta Ed., Caracas 2008, 270 pp.
2. *Ley Orgánica de Salvaguarda del Patrimonio Público,* con Estudios de Alberto Arteaga S., Allan R. Brewer-Carías, Humberto Njaim y Manuel Rachadell, 3ra Ed., Caracas 1989, 256 pp.
3. *Ley Orgánica para la Ordenación del Territorio,* con Estudios de Allan R. Brewer-Carías, 3ra Ed. Caracas 1991,144 pp.
4. *La Constitución y sus Enmiendas,* con Estudios de Allan R. Brewer-Carías, 3ra Ed. actualizada, Caracas 1991, 218 pp.
5. *Ley Orgánica de Amparo sobre Derechos y Garantías Constitucionales,* con Estudios de Allan R. Brewer-Carías y Carlos M. Ayala Corao, 5ta Ed., Caracas 1996, 217 pp., 6ta Ed., Caracas 2007, 241 pp.
6. *Ley Orgánica de Ordenación Urbanística,* con Estudios de Allan R. Brewer-Carías, Cecilia Sosa Gómez, Carlos M. Ayala Corao y Humberto Romero-Muci, 3ra Ed., Caracas 1989, 280 pp.
7. *Ley Orgánica del Régimen Municipal,* con introducción general de Allan R. Brewer-Carías, Caracas 1988, 256 pp.
8. *Ley Orgánica de la Corte Suprema de Justicia,* con Estudios de Allan R. Brewer-Carías, y Josefina Calcaño de Temeltas, 3ra Ed. Actualizada, Caracas 1994, 359 pp.
9. *Ley de Mercado de Capitales,* con Estudio de Hugo Nemirovsky, Caracas 1989, 690 pp.
10. *Ley Orgánica de Régimen Municipal 1989,* con Estudios de Allan R. Brewer-Carías, Hildegard Rondón de Sansó y Carlos M. Ayala Corao, 2da Ed. ampliada, Caracas 1994, 379 pp.
11. *Leyes y Reglamentos para la Descentralización Política de la Federación,* con Estudios de Allan R. Brewer-Carías, Carlos Ayala Corao, Jorge Sánchez Mellen, Gustavo José Linares Benzo y Humberto Romero-Muci, 3ra Ed. actualizada, Caracas 1995, 445 pp.
12. *Código de Derechos Humanos,* Compilación y Estudio preliminar de Pedro Nikken, 1ra Ed., Caracas 1991, 632 pp., 2da Ed., Caracas 2006, 646 pp., 2da Ed., 1ra reimpresión, Caracas 2008, 646 pp.
13. *Ley Orgánica del Sufragio,* con Estudio de Allan R. Brewer-Carías, Caracas 1993, 241 pp.
14. *Ley para Promover y Proteger el Ejercicio de la Libre Competencia,* con Estudios de Allan R. Brewer-Carías, Gustavo Linares Benzo, Luis A. Ortiz Álvarez y Faustino Flamarique Riera, Caracas 1996, 250 pp.
15. *Ley Orgánica de la Justicia de Paz,* Victorino, Márquez F., Julio C. Fernández T., Marcos R. Carrillo P., Eva Josko de Güeron, Julio Andrés, Borges, Carlos E., Ponce S. María Elena, Sandia de Segnini, 1ra Ed., Caracas 1996, 329 pp.
16. *Legislación sobre Derecho de Autor y Derechos Conexos,* Ricardo Antequera P. y Gileni, Gómez Muci, 1ra Ed., Caracas 1998, 464 pp.
17. *Comentarios analíticos al Código Orgánico Tributario,* José Andrés, Octavio, 1ra Edición, Caracas 1998, 413 pp.
18. *Legislación sobre propiedad industrial,* Gileni Gómez Muci y Ricardo Antequera Parilli, Caracas 1999, 346 pp.
19. *Código Penal de Venezuela,* Belén Pérez Chiriboga, Caracas 2000, 936 pp.
20. *La Constitución de 1999,* Allan R. Brewer-Carías, 1ra Edición, Caracas 2000, 429 pp., 2da Ed., Caracas 2000, 505 pp., 3ra. Ed., (reimpresión), Caracas 2001, 505 pp., 4ta. Ed., Caracas 2004, 1190 pp.

21. *Régimen Legal de las Concesiones Públicas aspectos Jurídicos, Financieros y Técnicos,* Alfredo Romero Mendoza (coordinador), Jesús Caballero Ortiz, Manuel Rachadell, Víctor R. Hernández-Mendible, Chris Brown, Christian C.D. Petersen, Andrés Germán Otero L., José Gómez Oriol, Antonio Vives Llabres y Prólogo de Allan R. Brewer-Carías, Caracas 2000, 241 pp.
22. *El Régimen Legal de las ofertas públicas de adquisición de acciones y de tomas de control de empresas,* Allan R. Brewer-Carías, Caracas 2000, 150 pp.
23. *Leyes sobre los servicios públicos domiciliarios agua, electricidad, gas,* María Elena Sandia de Segnini, José Araujo-Juárez, Oscar A. Rodríguez Pacanins y Jorge A. Neher, Caracas 2001, 266 pp.
24. *Ley Orgánica de la Administración Pública,* por Allan R. Brewer-Carías, Rafael Chavero Gazdik y Jesús María Alvarado Andrade, 4ta Edición, Caracas 2009, 329 pp.
25. *Ley Orgánica para la prestación de los servicios de agua potable y de saneamiento,* María Elena Sandia de Segnini, Caracas 2002, 129 pp.
26. *Ley de Expropiación por causa de utilidad pública o social,* Allan R. Brewer-Carías, Gustavo Linares Benzo, Dolores Aguerrevere Valero y Caterina Balasso Tejera, Caracas, 2002, 201 pp.
27. *Ley del Estatuto de la Función Pública,* Gustavo Briceño Vivas y Joaquín Bracho Dos Santos, 1ra Ed., 3ra Reimpresión, Caracas 2006, 139 pp. 4ta Reimpresión, Caracas 2008, 139 pp.
28. *Ley Orgánica del Tribunal Supremo de Justicia,* Allan R. Brewer-Carías, 3ra Ed. corregida y aumentada, 4ta Reimpresión, Caracas 2008, 375 pp.
29. *Estudio del Código Orgánico Procesal Penal reformado el 14-11-2001,* Belén Pérez Chiriboga, Caracas 2004, 844 pp.
30. *Leyes Orgánicas del Poder Ciudadano,* Allan R. Brewer-Carías, Roxana Orihuela, María Alejandra Correa, Gustavo Briceño Vivas y José Ignacio Hernández, 1ra Edición, 1ra Reimpresión, Caracas 2006, 401 pp.
31. *Régimen Legal de Nacionalidad, Ciudadanía y Extranjería,* Allan R. Brewer-Carías, Caracas 2005, 136 pp.
32. *Ley sobre Medidas de Salvaguardia,* Duilio David Matheus Rodríguez, Caracas 2005, 174 pp.
33. *Ley de Protección al Consumidor y al Usuario,* José Ignacio Hernández, David Quiroz Rendón, Faustino Flamerique y Rafael de Lemos Matheus, Caracas 2005, 229 pp.
34. *Ley Orgánica del Poder Público Municipal,* Allan R. Brewer-Carías, Fortunato González Cruz, José Ignacio Hernández, Luis Fraga Pittaluga, Manuel Rachadell, Adriana Vigilanza, Daniela Urosa Maggi, Belén Pérez Chiriboga, 3ra Edición corregida y aumentada, Caracas 2007, 793 pp.
35. *Ley de Responsabilidad Social en Radio y Televisión (Ley Resorte),* Asdrúbal Aguiar, José Ignacio Hernández, Margarita Escudero, Ana Cristina Núñez Machado, Juan Manuel Raffalli A., Carlos Urdaneta Sandoval, Allan R. Brewer-Carías, Juan Cristóbal Carmona Borjas, Caracas 2005, 304 pp.
36. *Manual Jurídico sobre Comunicación Social,* Belén Pérez Chiriboga, Caracas 2006, 384 pp.
37. *Ley contra los Ilícitos Cambiarios,* José Ignacio Hernández G., Andrés Troconis, Gustavo Muci Facchín, Vicente Villavicencio, 1ª Edición, Caracas 2006, 184 pp.
38. *Régimen Jurídico de Seguridad Social (Estudio constitucional y legal del Derecho a la Seguridad Social y del Sistema de Seguridad Social),* Freddy Alberto Mora Bastidas, Caracas 2007, 576 pp.
39. *Manual Didáctico sobre el Análisis e Interpretación de los Estados Financieros,* José Félix Ruíz Montero, Caracas, 2007, 285 pp
40. *Ley Orgánica de Prevención, Condiciones y Medio Ambiente de Trabajo (Reglamento Parcial),* Juan Carlos Pró Rísquez, Gabriel Calleja Angulo y José Ignacio Hernández, Caracas 2007, 264 pp.
41. *Ley de Aguas,* Allan R. Brewer-Carías, Caracas 2007, pp. 139.

42. *Hacia la consolidación de un Estado socialista, centralizado, policial y militarista,* Allan R. Brewer-Carías, Caracas 2007, 160 pp.
43. *La Reforma Constitucional de 2007. Comentarios al proyecto inconstitucionalmente sancionado por la Asamblea Nacional el 2 de noviembre de 2007*, Allan R. Brewer-Carías, Caracas 2007, 225 pp.
44. *Ley de Contrataciones Públicas,* Allan R. Brewer-Carías, Carlos García Soto, Gustavo Linares Benzo, Víctor Hernández Mendible, José Ignacio Hernández G., Luis Alfonso Herrera Orellana, Miguel Mónaco, Manuel Rojas Pérez y Mauricio Subero Mujica, Caracas 2008, pp. 295; Segunda Edición, actualizada y aumentada, Allan R. Brewer-Carías, Víctor Hernández Mendible, Miguel Mónaco, Aurilivi Linares Martínez, José Ignacio Hernández G., Carlos García Soto, Mauricio Subero Mujica, Alejandro Canónigo Sarabia, Gustavo Linares Benzo, Manuel Rojas Pérez, Luis Alfonso Herrera Orellana, y Víctor Raúl Díaz Chirino, Caracas 2009, 466 pp.
45. *Leyes sobre Distrito Capital y del Área Metropolitana de Caracas,* Allan R. Brewer-Carías, Manuel Rachadell, Nelson Socorro, Enrique Sánchez Falcón, Tulio Álvarez y Juan Carmona, Caracas 2009, 210 pp.
46. *Ley Orgánica de los Consejos Comunales,* Allan R. Brewer-Carías, Caracas 2010, 100 pp.
47. *Ley Orgánica de la Jurisdicción Contencioso Administrativa,* Allan R. Brewer-Carías, Víctor Hernández Mendible, 2da Edición, 1ra reimpresión, Caracas 2012, 330 pp.
48. *Ley Orgánica del Tribunal Supremo de Justicia,* Allan R. Brewer-Carías, Víctor Hernández Mendible, Caracas 2010, 304 pp.
49. *Ley Orgánica de Procesos Electorales,* Manuel Rachadell, Juan Miguel Matheus, Ricardo Antela Garrido, Pedro Afonso del Pino, Jesús María Alvarado Andrade, Luis Izquiel, José Ignacio Hernández con prólogo de Allan Brewer-Carías, Caracas, 2010, 304 pp.
50. *Leyes Orgánicas sobre el Poder Popular (Los Consejos Comunales, las Comunas, la Sociedad Socialista y el Sistema Económico Comunal),* Allan Brewer-Carías, Claudia Nikken, Luis A. Herrera Orellana, Jesús María Alvarado Andrade, José Ignacio Hernández y Adriana Vigilanza), Caracas, 2011, 721 pp.
51. *La Constitución de 1999 y la Enmienda Constitucional Nº 1 de 2009,* Allan Brewer-Carías, Caracas 2011, pp. 619
52. *Documentos Constitucionales de la Independencia 1811 / Constitutional Documents of the Independence of Venezuela 1811*, Allan R. Brewer-Carías, Caracas 2012, pp. 664.
53. *Ley costos y precios justos*, Claudia Nikken (Coordinadora), estudios por: Carlos García Soto, Marianela Zubillaga, Claudia Nikken, María Alejandra Correa Martín, María Giovanna Mascetti, Allan R. Brewer-Carías, Andrea Santacruz, José Ignacio Hernández G. Alejandra Cerviño y Leonardo Palacios Márquez, Caracas 2012, 504 páginas.
54. *Ley Orgánica del Trabajo, los trabajadores y las trabajadoras (LOTTT) y su Reglamento Parcial sobre el tiempo de trabajo*, Cesar Augusto Carballo Mena, Caracas 2013, 423 páginas.
55. *Código de Derecho Administrativo*, Allan R. Brewer-Carías, Caracas 2013, 396 páginas.
56. *La inconstitucional convocatoria de una Asamblea Nacional Constituyente en fraude a la voluntad popular,* Allan Brewer-Carías, Caracas 2017, 178 páginas.

Allan R. Brewer-Carías
Profesor emérito de la Universidad Central de Venezuela

LA INCONSTITUCIONAL CONVOCATORIA DE UNA ASAMBLEA NACIONAL CONSTITUYENTE EN FRAUDE A LA VOLUNTAD POPULAR

COLECCIÓN TEXTOS LEGISLATIVOS
N° 56

Editorial Jurídica Venezolana International

Caracas / New York

2017

© Allan R. Brewer-Carías
Email: allan@brewercarias.com
Hecho el depósito de Ley
Depósito Legal: DC2017001477
ISBN: 978-980-365-400-9

2017
Editorial Jurídica Venezolana
Avda. Francisco Solano López, Torre Oasis, P.B.,
Local 4, Sabana Grande,
Apartado 17.598 – Caracas, 1015, Venezuela
Teléfono 762.25.53, 762.38.42. Fax. 763.5239
Email fejv@cantv.net
http://www.editorialjuridicavenezolana.com.ve

Impreso por: Lightning Source, an INGRAM Content company
para Editorial Jurídica Venezolana International Inc.
Panamá, República de Panamá.
Email: editorialjuridicainternational@gmail.com

Portada: Imagen de una pancarta vista en las manifestaciones de junio de 2017
Ilustración: Andrés Mérola Brewer

Diagramación, composición y montaje
por: Francis Gil, en letra Time New Roman 12,5
Interlineado Exacto 14, Mancha 18 x 11.5

CONTENIDO GENERAL

INTRODUCCIÓN: *SOBRE LA CONSTITUCIÓN VENEZOLANA DE 1999 COMO PROMESA INCUMPLIDA O SOBRE LOS 17 AÑOS DE DESPRECIO A UNA CONSTITUCIÓN QUE NUNCA SE APLICÓ* 13

PRIMERA PARTE: *SOBRE LA NECESARIA E INDISPENSABLE PARTICIPACIÓN DEL PUEBLO EN LOS PROCESOS DE REVISIÓN O REFORMA DE LA CONSTITUCIÓN*.. 49

SEGUNDA PARTE: *EL INCONSTITUCIONAL ANUNCIO DEL PRESIDENTE DE LA REPÚBLICA EN 1º DE MAYO DE 2017 DE CONVOCATORIA DE UNA ASAMBLEA NACIONAL CONSTITUYENTE*........... 55

TERCERA PARTE: *LAS REFORMAS DE LA CONSTITUCIÓN SON EL SIGNO MÁS CARACTERÍSTICO DE LA DEMOCRACIA PARTICIPATIVA QUE LOS GOBERNANTES NO LE PUEDEN ARREBATAR AL PUEBLO*.. 61

CUARTA PARTE *NUEVO FRAUDE A LA CONSTITUCIÓN Y A LA VOLUNTAD POPULAR: EL INCONSTITUCIONAL DECRETO PARA CONVOCAR UNA ASAMBLEA CONSTITUYENTE SOLO PARA APROBAR LA REFORMA CONSTITUCIONAL RECHAZADA POR EL PUEBLO EN 2007* 65

QUINTA PARTE: *DE NUEVO SOBRE LA INCONSTITUCIONALIDAD DEL DECRETO 2.830 DEL 1 DE MAYO DE 2017, POR MEDIO DEL CUAL SE CONVOCÓ LA ASAMBLEA NACIONAL CONSTITUYENTE* ... 71

SEXTA PARTE: *RESPUESTA A ELÍAS JAUA SOBRE LA INCONSTITUCIONAL CONVOCATORIA DE LA ASAMBLEA NACIONAL CONSTITUYENTE EN MAYO DE 2017* 83

SÉPTIMA PARTE: *LA ASAMBLEA NACIONAL CONSTITUYENTE DE 1999 AL DISCUTIR EL PROYECTO DE CONSTITUCIÓN DE 1999 APROBÓ QUE SOLO EL PUEBLO MEDIANTE "REFERENDO DE CONVOCATORIA" PUEDE CONVOCAR UNA ASAMBLEA NACIONAL CONSTITUYENTE: ANÁLISIS DEL DIARIO DE DEBATES* 97

OCTAVA PARTE: *LA ESQUIZOFRENIA CONSTITUYENTE: LAS INCONSTITUCIONALES "BASES COMICIALES" DICTADAS POR EL PRESIDENTE DE LA REPÚBLICA, SIN COMICIOS, USURPANDO LA VOLUNTAD POPULAR Y VIOLANDO EL DERECHO DEL PUEBLO A ELEGIR REPRESENTANTES POR VOTACIÓN UNIVERSAL* 109

NOVENA PARTE: *EL FRAUDE A LA CONSTITUCIÓN Y A LA VOLUNTAD POPULAR POR PARTE DE LA SALA CONSTITUCIONAL DEL TRIBUNAL SUPREMO AL NEGARLE AL PUEBLO SU PODER EXCLUSIVO DE CONVOCAR UNA ASAMBLEA NACIONAL CONSTITUYENTE* .. 123

DÉCIMA PARTE: *EL DESPRECIO A LAS PREVISIONES CONSTITUCIONALES DE 1999 POR EL JUEZ CONSTITUCIONAL, CONSIDERANDO AJUSTADAS A LAS MISMAS LAS INCONSTITUCIONALES "BASES COMICIALES" DICTADAS PARA LA CONFORMACIÓN DE LA ASAMBLEA NACIONAL CONSTITUYENTE* 131

DÉCIMA PRIMERA PARTE: *LA ESENCIA DE LA PROPUESTA CONSTITUYENTE DE 2017: LA CREACIÓN DEL ESTADO COMUNAL EN SUSTITUCIÓN DEL ESTADO DEMOCRÁTICO Y SOCIAL DE DERECHO Y DE JUSTICIA, COMO TAREA QUE QUEDÓ "PENDIENTE" DESDE 2007* 139

TEXTOS DE LOS DECRETOS SOBRE LA ASAMBLEA NACIONAL CONSTITUYENTE... 149

    Decreto Nº 2.830 de 1 de mayo de 2017 (*Gaceta Oficial* Nº 6295 Extra de 1 de mayo de 2017) *2007* 149

    Decreto Nº 2.878 de 23 de mayo de 2017 (*Gaceta Oficial* Nº 41156 de 23 de mayo de 2017) *2007* 157

    Decreto Nº 2.889 de fecha 4 de junio de 2017 (*Gaceta Oficial* Nº 41.165 de 5 de junio de 2017) *2007* 169

ÍNDICE GENERAL 175

Introducción

SOBRE LA CONSTITUCIÓN VENEZOLANA DE 1999 COMO PROMESA INCUMPLIDA O SOBRE LOS 17 AÑOS DE DESPRECIO A UNA CONSTITUCIÓN QUE NUNCA SE APLICÓ

Una Constitución, como pacto político es, ante todo, una promesa para ser cumplida por los gobernantes y gobernados.[1] Por eso se la considera y califica como norma o ley suprema.

De ello deriva el más importante derecho y fundamental de los derechos de los ciudadanos, que es el derecho a la Constitución, a su supremacía, a su rigidez, a su imperatividad; y además, la obligación más importante en el Estado Constitucional que es la obligación de respetar la Constitución, de asegurar su vigencia, y de controlar las violaciones a la misma.

En el Estado Constitucional, aun siendo la Constitución emanación de la voluntad del pueblo, el pueblo mismo también debe respetarla, y por tanto, modificarla sólo conforme el mismo pueblo lo ha dispuesto en su texto. Una vez la Constitución es aprobada por el pueblo en ejercicio de su soberanía, el principio de la soberanía popular queda sujeto al principio de la supremacía

---

1   En esta Introducción hemos seguido, en parte, lo expuesto en la conferencia dictada en el Seminario sobre "Constitucionalismo Transformador en América Latina," *Max Planck Institute for Comparative Public Law and International Law*, programa *Ius Constitutionale Commune en América Latina*, Heidelberg, 8 de junio de 2017. Véase el texto en:http://allanbrewercarias.net/site/wp-content/uploads/2017/06/1190.-conf.-Brewer.-Venezuela.-Const.-Promesa-incumplida.-17-a%C3%B1os-de-desprecio.-Heidelberg-1.pdf.

constitucional conforme el pueblo lo reguló. Y por ello es que debe rechazarse todo intento de subvertir este último principio de la supremacía constitucional por el primero de la soberanía popular, pretendiendo que el pueblo pueda siempre y en cualquier forma cambiar la Constitución apartándose de las regulaciones en ella establecidas para las reformas constitucionales.

En todo caso, para que la Constitución pueda tener permanencia en cuanto a los derechos y obligaciones que implica, en el Estado Constitucional es necesario que se cumplan las siguientes condiciones.

Primero, para que la Constitución sea realmente suprema, es necesario que la misma sea efectivamente la consecuencia o resultado de un pacto político de la sociedad en un momento dado. No puede ser un texto impuesto por una fracción o facción del pueblo, sobre otra. Éstas que han sido muchas en la historia no tienen garantía de continuidad.

Segundo, para que la Constitución permanezca suprema, tiene que existir en la misma un sistema de Justicia Constitucional que asegure su vigencia con independencia y autonomía; es decir, un sistema de control de las actuaciones inconstitucionales de los órganos del Estado, que realmente esté configurado como el sustituto al derecho del pueblo de rebelión o resistencia frente a los gobernantes que violen su derecho a la Constitución.[2]

A diferencia de otros países latinoamericanos con mayor estabilidad política, como es el caso de Colombia donde el proceso constituyente que se llevó a cabo en 1991 mediante una Asamblea Constituyente, fue producto de un amplísimo pacto político, con el resultado de haber gozado de una mayor estabilidad política; en la Venezuela contemporánea la Constitución de 1999, si bien también fue producto de una Asamblea Nacional Constituyente, la misma no fue producto de pacto político alguno, sino

---

2 Véase sobre la Justicia constitucional como sustituto a la revolución y de la rebelión popular, Sylva Snowiss, *Judicial Review and the Law of the Constitution,* Yale University, 1990, p. 113.

impuesta por un grupo que asaltó el poder utilizando para ello la Asamblea Constituyente como mero instrumento, con propósitos muy alejados de establecer un sistema de Estado constitucional democrático, a pesar de lo que se expresó en el texto constitucional. Por ello, la Constitución de 1999 no es más que una falsa promesa, expresada para no ser cumplida.

La misma nació torcida, convirtiéndose sus principios en declaraciones vanas, y los muy completos mecanismos de justicia constitucional que consagra, degradados, en meros instrumentos para asegurar que las violaciones a la Constitución por los gobernantes nunca iban a ser controladas.

Y es que en efecto, vista retrospectivamente, 17 años después, puede decirse que la Constitución, desde que se sancionó en 1999 ha sido violada descaradamente en sus tres componentes fundamentales, la Constitución Política, la Social y la Económica, sin que haya habido un Juez Constitucional que hubiese controlado dichas violaciones.

Este libro tiene por objeto analizar la última de las manifestaciones de desprecio a la Constitución de 1999, configurada por la inconstitucional convocatoria de una Asamblea Nacional Constituyente por parte del Presidente de la República, Nicolás Maduro, el 1º de mayo de 2017, usurpando la potestad exclusiva del pueblo de hacer dicha convocatoria mediante referendo de convocatoria, conforme al artículo 347 de la Constitución.

Pero ello, sin duda, debe ser visto en el marco de un proceso sostenido de 17 años de violaciones a la Constitución Política en cuanto a la promesa de establecer un Estado Democrático de Derecho y de Justicia, a lo que quiero referirme en esta Nota Explicativa.

Sobre las violaciones a la Constitución Social y la Económica, basta recordar ahora el titular de un reportaje publicado el año pasado, en el *The Washington Post* con el sugestivo título: "Nunca ha habido un país que debió haber sido tan rico, pero terminó siendo tan pobre,"³ en el cual se reseñaba la terrible situación del país. Después de más de quince años de una supuesta "revolución bonita," desarrollada en nombre de un fraudulento "Socialismo del Siglo XXI," lo que se ha logrado fue convertir a Venezuela en un "Estado fallido," un "Narco-Estado," o en un "Estado gansteril," que ya no puede seguirse ocultando más tras la propaganda oficial y la de sus corifeos, particularmente porque tiene la "economía con peor crecimiento y la peor rata de inflación del mundo;⁴ con mayor índice de devaluación de su moneda, siendo hoy el país con el record de ser el que ocupa el primer lugar en el índice de miseria del mundo.⁵ Todo ello obra de un gobierno catastrófico.

Como Mario Vargas Llosa lo resumía en un artículo publicado recientemente en *El País* de Madrid:

> "La verdad es que probablemente ninguno de la larga lista de sátrapas que ha padecido América latina haya llevado a cabo peores hazañas que el antiguo chofer de autobuses al que el comandante Chávez dejó como heredero (para que no le hiciera sombra). Ha sumido en la ruina más absoluta a uno de los países más ricos del continente, que ahora se muere literalmente de hambre, de falta de medicinas, de trabajo, de salud, tiene la más alta inflación y criminalidad en el mundo, está quebrado y es

---

3 Véase Matt O'Brein, "There has never been a country that should have been so rich but ended up this poor," *The Washington Post*, Washington, May 19, 2016, en https://www.washingtonpost.com/news/wonk/wp/2016/05/19/there-has-never-been-a-country-that-should-have-been-so-rich-but-ended-up-this-poor/.

4 Véase la información en http://www.infobae.com/2014/04/24/1559615-en-un-ano-la-inflacion-oficial-venezuela-llego-al-60-ciento.

5 Venezuela tiene el "ignominioso" primer lugar en el Índice de miseria del mundo. Véase el Informe de Steve H. Hanke, "Measuring Misery arround the World," publicado en mayo 2104, en *Global Asia*, en http://www.cato.org/publications/commen-tary/measuring-misery-around-world. Véase igualmente *Índice Mundial de Miseria*, 2014, en http://www.razon.com.mx/spip.php?article215150; y en http://vallarta-opina.net/2014/05/23/en-indice-mundial-de-miseria-venezuela-ocupa-primer-lugar/

objeto de la repulsa y condena de todas las democracias del planeta."[6]

Esa es la hazaña o el milagro de la política destructiva del gobierno durante los pasados quince años, que tanto va a costar superar en el futuro,[7] que convirtió a Venezuela en "una fábrica de pobres,"[8] conducida por un "Estado inepto, secuestrado por una élite gubernamental de burocracia corrupta, que niega todos los derechos sociales y económicos constitucionales, y que manipula la ignorancia y pobreza de las clases sociales menos favorecidas."[9]

---

6   Véase Mario Vargas Llosa, "Cara de Piña, en *El País*, Madrid, 4 de junio de 2017, p. 13.

7   Pedro Carmona Estanga resumió la hazaña económica del régimen explicando que: "Por desgracia para el país, a lo largo de estos 16 años se han dilapidado unos US$ 1,5 billones que no volverán, de los cuales no quedan sino la destrucción del aparato productivo, el deterioro de la calidad de vida, de la infraestructura, de la institucionalidad, y distorsiones macroeconómicas y actitudinales en la población de una profundidad tal, que costará sudor y sangre superar a las generaciones venideras. Esa es la hazaña histórica lograda y cacareada por el régimen." Véase Pedro Carmona Estanga, "La destrucción de Venezuela: hazaña histórica," 19 de octubre de 2014, en http://pcarmonae.blogspot.com/2014/10/la-destruccion-de-venezuela-hazana.html.

8   En tal sentido, Brian Fincheltub, destacó que "Las misiones se convirtieron en fábrica de personas dependientes, sin ninguna estabilidad, que confiaban su subsistencia exclusivamente al Estado. Nunca hubo interés de sacar a la gente de la pobreza porque como reconoció el propio ministro Héctor Rodríguez, se "volverían escuálidos". Es decir, se volverían independientes y eso es peligrosísimo para un sistema cuya principal estrategia es el control." Véase Brian Fincheltub, "Fabrica de pobres," en *El Nacional*, Caracas, 5 de junio de 2014, en http://www.el-nacional.com/opinion/Fabrica-pobres_0_421757946.html.

9   Por ello, con razón se ha dicho que "Si Venezuela fuera un Estado Social, no habría neonatos fallecidos por condiciones infecciosas en hospitales públicos. Si Venezuela fuera un Estado Social, toda persona tendría un empleo asegurado o se ejerce-ría plenamente la libertad de empresa y de comercio. Si Venezuela fuera un Estado Social no exhibiríamos deshonrosamente las tasas de homicidios más altas del mundo. Si Venezuela fuera un Estado Social no estaría desaparecida la cabilla y el cemento y las cementeras intervenidas estarían produciendo al máximo de su capacidad instalada. Si Vene-

El citado reportaje del *The Washington Post* de 2016, terminaba observando cómo en el país que tiene "las más grandes reservas petroleras del mundo," lo que ocurrió fue "un completo colapso económico y social," en cuya explicación no hay que buscar "misterio alguno," pues de lo que se trató fue de "un desastre hecho por el hombre," es decir, consecuencia de una política gubernamental destructiva," diseñada y conducida para ello, por el fallecido Presidente Hugo Chávez y por quien actualmente ejerce la presidencia Nicolás Maduro."[10]

Mayores violaciones a la Constitución social y a la Constitución económica es, por tanto, imposible de encontrar.

Pero dejando de lado todas esas violaciones, que han hecho que todas las promesas de las Constituciones Social y Económica hayan sido incumplida, quiero ahora referirme al desprecio sistemático de la Constitución política que han conducido al país al total colapso de sus instituciones, destrozándose las bases del Estado democrático y social de derecho y de justicia, con forma Federal y descentralizada, que nunca llegó a estructurarse, y que debía haberse montado sobre la base de un sistema de separación

---

zuela fuera un Estado Social todos los establecimientos de víveres y artículos de primera necesidad estarían abarrotados en sus anaqueles. Si Venezuela fuera un Estado Social las escuelas no tendrían los techos llenos de filtraciones, estarían dotadas de materiales suficientes para la enseñanza-aprendizaje y los maestros y profesores serían el mejor personal pagado del país. Si Venezuela fuera un Estado Social no habría discriminación por razones políticas e ideológicas para tener acceso a cualquier servicio, beneficios y auxilios públicos y bienes de primera necesidad. Si Venezuela fuera un Estado Social el problema de la basura permanente en las grandes ciudades ya estaría resuelto con los métodos más modernos, actualizados y pertinentes a la protección ambiental." Véase Isaac Villamizar, "Cuál Estado Social?," en *La Nación*, San Cristóbal, 7 de octubre de 2014, en http://www.lana-cion.com.ve/columnas/opinion/cual-estado-social/.

10 Véase Matt O'Brein, "There has never been a country that should have been so rich but ended up this poor," *The Washington Post*, Washington, May 19, 2016, en https://www.washingtonpost.com/news/wonk/wp/2016/05/19/there-has-never-been-a-country-that-should-have-been-so-rich-but-ended-up-this-poor/.

de poderes y de control recíproco entre los mismos; la última de cuyas manifestaciones ha sido la convocatoria de la Asamblea Nacional Constituyente fraudulenta en mayo de 2017.

El modelo de Estado democrático y social de derecho y de justicia, con forma Federal y descentralizada que se estableció en la Constitución de 1999,[11] y que ahora se quiere incluso cambiar, que fue sancionada por una Asamblea Nacional Constituyente mal conformada y peor estructurada,[12] lo que en mi criterio fue precisamente el origen remoto de todo el colapso posterior.

Yo mismo contribuí a la redacción de aquella Constitución como miembro independiente que fui de la Asamblea Constituyente, – formando parte, junto con otros tres constituyentes, de una muy exigua minoría opositora de cuatro constituyentes en una Asamblea de 131 miembros totalmente dominada por los seguidores del entonces Presidente Hugo Chávez. Yo conozco, de primera mano, no solo lo que se prometió en la Constitución, sino lo que no se ha ejecutado de la misma transcurridos ya más de tres lustros desde que se sancionó. Por ello puede hoy afirmarse que nada de lo que se prometió en su texto en favor del establecimiento de ese Estado democrático y social de derecho y de Justicia se ha cumplido. Por ello, puede considerársela como la muestra más vívida en el constitucionalismo contemporáneo, de una Constitución que ha sido sistemáticamente violada y vulnerada desde antes incluso de que fuera publicada, dando cabida a manos de agobiante centralismo de Estado y un sistema de concentración del poder; al desconocimiento de la representatividad y negación de la participación políticas; y a un estatismo y capitalismo de Estado extremos.

---

11 Véase el estudio de la Constitución en cuanto a la regulación de este modelo de Estado Constitucional en Allan R. Brewer-Carías, *La Constitución de 1999. Derecho Constitucional venezolano*, 2 tomos, Caracas 2004.

12 Véase Allan R. Brewer-Carías, *Golpe de Estado y proceso constituyente en Venezuela*, Universidad nacional Autónoma de México, México 2002.

En realidad puede decirse que nada de lo bueno – constitucionalmente hablando – que se prometió se ha cumplido; y que al contrario lo único que se desarrolló de la Constitución fueron los aspectos autoritarios que contiene, encubiertos en un extenso articulado de textos floridos. Eso fue precisamente lo que me llevó en el proceso del referendo aprobatorio de la Constitución de diciembre de 1999, a liderar el Voto NO para rechazar la Constitución, porque como lo dije entonces – cito -:

> "en cuanto a la *Constitución política* en el Proyecto de Constitución, cuando se analiza globalmente, ... pone en evidencia un esquema institucional para el autoritarismo, que deriva de la combinación del centralismo de Estado, del presidencialismo exacerbado, de la partidocracia y del militarismo que constituyen los elementos centrales diseñados para la organización del Poder del Estado." [13]

Eso fue hace 17 años, en un mensaje al cual muy pocas personas hicieron caso, pues sin duda, era demasiado el anhelo de cambio político que entonces existía. Pero lo cierto fue que no pasó una semana después de aprobada la Constitución por el pueblo (15-12-1999) para que sin que muchos lo advirtiera, comenzara a ser abierta y descaradamente despreciada por el régimen, antes incluso de que se publicara su texto, al decretarse por la propia Asamblea Constituyente (sin aprobación popular y a pesar de que ya había concluido sus funciones), un "Régimen Transitorio" (22-12-1999).[14] Ese régimen de hecho dio origen a otra "constitución" paralela cuya duración fue de varios lustros, contraria a lo que se prometía en el texto aprobado popularmente,

---

13 Véase Allan R. Brewer-Carías, "Razones del voto NO en el referendo aprobatorio de la Constitución," en *Debate Constituyente (Labor en la Asamblea Nacional Constituyente),* Tomo III, Fundación de Derecho Público, Editorial Jurídica Venezolana, Caracas 2000.

14 Después de aprobada por el pueblo la Constitución (15 diciembre 1999), la Asamblea dictó el Régimen Constitucional Transitorio (22-diciembre 1999), habiéndose publicado ambos textos a la vez (30 diciembre 1999) Véase en *Gaceta Oficial* N° 36.859 de 29 de diciembre de 1999.

y destinada a asegurar que la misma no se pudiera cumplir, en lo que entonces califiqué como un golpe de Estado constituyente.[15]

Ese fue el origen de un régimen constitucional que en definitiva fue establecido para no ser cumplido, que se configuró institucionalmente como una gran mentira, en particular por lo que se refirió al establecimiento de un régimen político democrático representativo y participativo, lo que nunca ocurrió; al establecimiento de un Estado democrático de derecho y de justicia, el cual tampoco nunca se estructuró; a la consolidación de un Estado federal descentralizado, lo cual al contrario se abandonó; y al establecimiento de un Estado social, que no pasó de ser una vana ilusión propagandista, habiendo solo adquirido la deformada faz de un Estado populista para en definitiva, empobrecer y hacer dependiente a toda la población de una burocracia gigante e ineficiente, que lo que ha asegurado es que hoy toda la población, y no solo las personas de menos recursos, sufran las mismas carestías.

Desde el punto de vista político, por tanto, los enunciados de la Constitución no fueron más que una máscara para el establecimiento, en su lugar, de un Estado Totalitario, de concentración y centralización total del poder, donde ninguno de los elementos esenciales y de los componentes fundamentales de la democracia se ha ejecutado.[16] Para blindar esa mutación y encubrir el incumplimiento de la Constitución, se utilizó el sistema de Justicia

---

15 Véase Allan R. Brewer-Carías, *Golpe de Estado y proceso constituyente en Venezuela*, Universidad nacional Autónoma de México, México 2002. A ello se sumaron diversas "modificaciones" o "reformas" al texto introducidas con ocasión de "correcciones de estilo" para su publicación lo que ocurrió el 30 de diciembre de 1999. Véase Allan R. Brewer-Carías, "Comentarios sobre la ilegítima "Exposición de Motivos" de la Constitución de 1999 relativa al sistema de justicia constitucional", en la *Revista de Derecho Constitucional*, N° 2, Enero-Junio 2000, Caracas 2000, pp. 47-59.

16 Véase Allan R. Brewer-Carías, *Estado totalitario y desprecio a la ley. La desconstitucionalización, desjuridificación, desjudicialización y desdemocratización de Venezuela*, Fundación de Derecho Público, Editorial Jurídica Venezolana, 2014.

Constitucional para en definitiva lograr lo contrario de lo que motivó su consagración;

El primer y fundamental pilar de la Constitución que fue despreciado desde el inicio fue el principio elemental de la separación e independencia de los poderes públicos, sin el cual no existe un Estado de derecho ni democracia, destinado a asegurar que el ejercicio del poder esté sometido a control, particularmente al que debe ejercer una Justicia autónoma e independiente.[17]

En Venezuela, al contrario de las promesas de la Constitución, lo que se estableció fue un Estado donde todo el poder se ha concentrado en las manos del Poder Ejecutivo al cual todos los otros Poderes Públicos están sometidos, particularmente el Tribunal Supremo de Justicia y el órgano electoral, y hasta 2015, también la Asamblea Nacional.

Se habituó tanto el régimen a ejercer desde el inicio el control absoluto del poder, que a pesar de que en diciembre de 2015 se eligió una nueva Asamblea Nacional mayoritariamente controlada por la oposición al gobierno autoritario, durante todo el año 2016 y en lo que va del corriente año, lo que hemos visto ha sido el desarrollo de una política de Estado para privar progresivamente a la representación popular, de todas sus competencias y funciones, lo que se ha ejecutado gracias a una perversa colusión entre el Poder Ejecutivo y el Juez Constitucional.

Primero fue por la acción de la vieja Asamblea Nacional en diciembre de 2015 que estaba terminando sus funciones, sancionando en solo dos días, más de 30 leyes para despojar de todas sus competencias legales a la nueva Asamblea que debía instalar-

---

17 Véase sobre el tema Gustavo Tarre Briceño, *Solo el poder detiene al poder, La teoría de la separación de los poderes y su aplicación en Venezuela*, Colección Estudios Jurídicos Nº 102, Editorial Jurídica Venezolana, Caracas 2014; y Jesús María Alvarado Andrade, "División del Poder y Principio de Subsidiariedad. El Ideal Político del Estado de Derecho como base para la Libertad y prosperidad material" en Luis Alfonso Herrera Orellana (Coord.), *Enfoques Actuales sobre Derecho y Libertad en Venezuela*, Academia de Ciencias Políticas y Sociales, Caracas, 2013, pp. 131-185.

se unos días después, procediendo además a designar inconstitucionalmente a nuevos magistrados del Tribunal Supremo, todos militantes del partido de gobierno y asegurar el control total del Juez Constitucional.

Con esa nueva composición, el Tribunal Supremo de Justicia, a solicitud del propio Poder Ejecutivo o del partido de gobierno, se dedicó a la tarea de despojar a la Asamblea Nacional de todas sus potestades y funciones mediante una serie interminable de desafueros judiciales.

Ello ha originado un sistema de justicia constitucional "a la carta," basado en el carácter popular de la acción de inconstitucionalidad, la cual muchas veces ha sido intentada por los agentes del gobierno, y en la introducción pretoriana de un "recurso de interpretación abstracta de la Constitución," también de carácter popular, que al poder intentarse sin referencia a algún caso específico, también se ha utilizado por los agentes del gobierno para lograr interpretaciones torcidas de la Constitución, de acuerdo al interés del régimen.[18] Todo ello incluso ha convertido a que muchos procesos constitucionales, en realidad, abandonando el principio dispositivo, sean de hecho iniciados de oficio por el Juez Constitucional utilizando "recurrentes" de ocasión.

Esta degradación de la Justicia Constitucional,[19] se ha empeorado recientemente, unos días antes de que la nueva Asam-

---

18 Véase Allan R. Brewer-Carías, "*Quis Custodiet Ipsos Custodes*: De la interpretación constitucional a la inconstitucionalidad de la interpretación", en *Revista de Derecho Público*, N° 105, Editorial Jurídica Venezolana, Caracas 2006, pp. 7-27.

19 Véase sobre el proceso de degradación de la justicia constitucional durante los últimos 17 años: Allan R. Brewer-Carías, *La ruina de la democracia. Algunas consecuencias. Venezuela 2015*, (Prólogo de Asdrúbal Aguiar), Colección Estudios Políticos, N° 12, Editorial Jurídica Venezolana, Caracas 2015; *la mentira como política de Estado. Crónica de una crisis política permanente. Venezuela 1999-2015*, Colección Estudios Políticos, N° 10, Editorial Jurídica Venezolana, Caracas 2015; *Estado totalitario y desprecio a la ley. La desconstitucionalización, desjuridificación, desjudicialización y desdemocratización de Venezuela*, Fundación de Derecho Público, Editorial

blea Nacional electa iniciara sus sesiones, con una sentencia dictada el último día de diciembre de 2015 por la Sala Electoral del Tribunal Supremo, al recibir una demanda de nulidad de la elección de 4 diputados en la región del Amazonas (Estado Amazonas), suspendiendo cautelarmente su proclamación, para cercenarle a la oposición la mayoría calificada que había logrado.

A ello se sumó posteriormente la Sala Constitucional del Tribunal Supremo la cual durante todo el año 2016 hasta el presente, mediante más de cuarenta sentencias, ha declarado la inconstitucionalidad de materialmente todas – sí, todas - las leyes sancionadas por la Asamblea Nacional; reformó el Reglamento Interior y de Debates de la Asamblea para someter la función de legislar de la Asamblea Nacional a la obtención de un visto bueno previo del Poder Ejecutivo; eliminó las funciones de control político de la Asamblea Nacional sobre el gobierno y la Administración Pública; impuso el visto bueno previo del Vicepresidente ejecutivo para poder interpelar a un Ministro, con preguntas que solo pueden ser formuladas por escrito; eliminó además, tanto la posibilidad de que la Asamblea para improbar los estados de excepción que se decreten, como la posibilidad de aprobar votos de censura a los Ministros; ha resuelto que el Presidente de la República presente su Memoria anual, no ante la Asamblea Nacio-

---

Jurídica Venezolana, 2014, segunda edición, Caracas 2015; *La patología de la justicia constitucional*, Tercera edición ampliada, Fundación de Derecho Público, Editorial Jurídica Venezolana, 2014; *El golpe a la democracia dado por la Sala Constitucional (De cómo la Sala Constitucional del Tribunal Supremo de Justicia de Venezuela impuso un gobierno sin legitimidad democrática, revocó mandatos populares de diputada y alcaldes, impidió el derecho a ser electo, restringió el derecho a manifestar, y eliminó el derecho a la participación política, todo en contra de la Constitución)*, Colección Estudios Políticos Nº 8, Editorial Jurídica venezolana, Caracas 2014, 354 pp.; segunda edición, (Con prólogo de Francisco Fernández Segado), 2015; *Práctica y distorsión de la justicia constitucional en Venezuela (2008-2012)*, Colección Justicia Nº 3, Acceso a la Justicia, Academia de Ciencias Políticas y Sociales, Universidad Metropolitana, Editorial Jurídica Venezolana, Caracas 2012; *Crónica sobre la "in" justicia constitucional. La Sala Constitucional y el autoritarismo en Venezuela*, Colección Instituto de Derecho Público, Universidad Central de Venezuela, Nº 2, Caracas 2007.

nal como constitucionalmente corresponde, sino ante la propia Sala Constitucional. Ésta, además, eliminó la función legislativa en materia de presupuesto, convirtiendo la Ley de Presupuesto en un mero e inconstitucional decreto ejecutivo para ser presentado por el Presidente de la República ante la Sala Constitucional y no ante la Asamblea Nacional como corresponde constitucionalmente.

La Sala Constitucional eliminó además la potestad de la Asamblea Nacional incluso para como órgano deliberante, emitir opiniones políticas como resultado de sus debates, habiendo anulado todos los Acuerdos de importancia política que la misma ha adoptado; eliminó la potestad de la Asamblea Nacional de revisar sus propios actos y de poder revocarlos, como fue el caso respecto de la viciada elección de los magistrados al Tribunal Supremo efectuada en diciembre de 2015; y finalmente, eliminó la potestad de legislar de la Asamblea Nacional en el marco de un inconstitucional y permanente estado de emergencia que se prorroga cada tres meses, sin control parlamentario alguno y con el solo visto bueno del Juez Constitucional.[20]

Es decir, el Poder Legislativo representado por la Asamblea Nacional ha sido totalmente neutralizado y vaciado de poderes y funciones, al punto de que mediante una reciente sentencia de enero de este año, con base en un supuesto desacato a la decisión primigenia mencionada de suspender cautelarmente la proclamación de cuatro diputados ya proclamados, la misma Sala Constitucional del Tribunal Supremo dispuso la cesación definitiva, de hecho, de la Asamblea Nacional en el cumplimiento de sus funciones constitucionales como órgano que integra a los representes del pueblo. Para ello, mediante sentencia N° 2 de 11 de enero

---

20 Véase el estudio de todas esas sentencias en Allan R. Brewer-Carías, *Dictadura judicial y perversión del Estado de Derecho*, Segunda Edición, (Presentaciones de Asdrúbal Aguiar, José Ignacio Hernández y Jesús María Alvarado), N° 13, Editorial Jurídica Venezolana International, 2016; edición española: Editorial IUSTEL, Madrid 2017.

de 2017,[21] anuló el acto de instalación de la Asamblea para su segundo período anual, y resolvió que:

"Cualquier actuación de la Asamblea Nacional y de cualquier órgano o individuo en contra de lo aquí decidido será nula y carente de toda validez y eficacia jurídica, sin menoscabo de la responsabilidad a que hubiere lugar."

Esa decisión fue ratificada mediante sentencias N° 3 de 11 de enero de 2017,[22] y N° 7 de 26 de enero de 2017, en este último caso, después de declarar inadmisible una acción de amparo que había sido intentada, y una vez terminado por tanto el juicio, la Sala Constitucional, de pasada, en un llamado *Obiter Dictum* que se incluyó en dicha sentencia, le cercenó definitivamente al pueblo su derecho más elemental en un Estado de derecho, que es el de ejercer la soberanía a través de sus representantes, procediendo a declarar nulas de nulidad absoluta e inconstitucionales todas las actuaciones pasadas y futuras de la Asamblea Nacional, dando inicio al procedimiento para proceder a enjuiciar a los diputados de la Asamblea por desacato, revocarle su mandato popular y encarcelarlos.[23]

Todo este desaguisado constitucional que no ha sido más que un golpe de Estado continuado, puede decirse que culminó el mes de marzo de 2017, con la adopción por parte de la Sala Constitucional de dos sentencias vergonzantes desde el punto de vista constitucional, la N° 155 de 27 de marzo de 2017,[24] y la N°

---

21 Véase en http://historico.tsj.gob.ve/decisiones/scon/enero/194891-02-11117-2017-17-0001.HTML.

22 http://historico.tsj.gob.ve/decisiones/scon/enero/194892-03-11117-2017-17-0002.HTML

23 Véase en historico.tsj.gob.ve/decisiones/scon/enero/195578-07-26117-2017-17-0010.HTML.

24 Véase sentencia N° 155 de 27 de marzo de 2017, en http://historico.tsj.gob.ve/decisiones/scon/marzo/197285-155-28317-2017-17-0323.HTML. Véase los comentarios a dicha sentencia en Allan. Brewer-Carías: "La consolidación de la dictadura judicial: la Sala Constitucional, en un juicio sin proceso, usurpó todos los poderes del Estado, decretó inconstitucionalmente un estado de excepción y eliminó la inmunidad parlamentaria

156 de fecha 29 de marzo de 2017,[25] que fueron bien publicitadas, mediante las cuales el Juez Constitucional *usurpó todos los poderes del Estado*, ordenó al Presidente ejercer ciertas funciones en materia de relaciones internacionales, decretó inconstitucionalmente un estado de excepción, eliminó la inmunidad parlamentaria, asumió de pleno derecho todas las competencias parlamentarias de la Asamblea Nacional y delegó poderes legislativos que no tiene, sin límites, en el Presidente, ordenándole reformar leyes y Códigos a su arbitrio, y entre ellos el Código Penal y el Código Orgánico Procesal Penal.

Estas famosas sentencias que fueron celebradas por el Sr. Maduro, Presidente de la República como "sentencias históricas,"[26] fueron sin embargo, condenadas en forma generalizada tanto en el país como en el ámbito internacional.

En el ámbito internacional, entre tantas manifestaciones importantísimas de solidaridad democrática, basta mencionar aquí la del Secretario General de la Organización de Estados Ameri-

---

(sentencia N° 156 de la Sala Constitucional), 29 de Marzo de 2017, en http://diarioconstitucional.cl/noticias/actualidad-internacional/2017/03/31/opinion-acerca-de-la-usurpacion-de-funciones-por-el-tribunal-supremo-de-venezuela-y-la-consolidacion-de-una-dictadura-judicial/.

25 Véase la sentencia N° 156 de 29 de marzo de 2017 en http://historico.tsj.gob.ve/deci-siones/scon/marzo/197364-156-29317-2017-17-0325.HTML. Véase los comentarios a dicha sentencia en Allan. Brewer-Carías: "El reparto de despojos: la usurpación definitiva de las funciones de la Asamblea Nacional por la Sala Constitucional del Tribunal Supremo de Justicia al asumir el poder absoluto del Estado (sentencia N° 156 de la Sala Constitucional), 30 de marzo de 2017, en http://diarioconstitucional.cl/noticias/actualidad-internacional/2017/03/31/opinion-acerca-de-la-usurpacion-de-funciones-por-el-tribunal-supremo-de-venezuela-y-la-consolidacion-de-una-dictadura-judicial/.

26 Véase la reseña: "Nicolás Maduro: El TSJ ha dictado una sentencia histórica. Durante el Consejo de Ministros, el jefe de Estado señaló que además pedirá sugerencias a la Procuraduría General de la República para cumplir con las órdenes dictadas por el máximo órgano judicial," en *El Nacional*, 28 de marzo de 2017, en http://www.el-nacional.com/noticias/gobierno/nicolas-maduro-tsj-dictado-una-sentencia-historica_87784.

canos, Dr. Luis Almagro, quien sobre las sentencias dijo que "despojar de las inmunidades parlamentarias a los diputados de la Asamblea Nacional y al asumir el Poder Legislativo en forma completamente inconstitucional son los últimos golpes con los que el régimen subvierte el orden constitucional del país y termina con la democracia."[27] Y en el ámbito nacional, además de muchas otras manifestaciones de rechazo, no puedo dejar de mencionar la sorpresiva declaración de la Fiscal General de la República, quién a pesar de haber sido el instrumento del régimen durante los dos últimos lustros para perseguir y criminalizar la disidencia, el día 31 de marzo de 2017 llegó a expresar que de dichas sentencias se evidenciaban "varias violaciones del orden constitucional y el desconocimiento del modelo de Estado consagrado en nuestra Constitución," considerando que ello constituía "una ruptura del orden constitucional."[28]

Lo más grave en torno a estas sentencias fue que con ocasión de esta extraña manifestación de disidencia de la Fiscal General en el interior del régimen, el Presidente de la República "interpretó" que lo que se había originado fue un supuesto "impase" (entre la Fiscal General y la Sala Constitucional!!) que había que "dirimir," convocando para ello a una reunión del Consejo para la Defensa de la Nación. Se trata de un órgano consultivo, el cual el mismo día lo que decidió fue "exhortar" al Tribunal Supremo de Justicia para que cometiera abiertamente una ilegalidad, es decir, para que procediera "a revisar las decisiones 155 y 156,"[29]

---

27 Véase: "Almagro denuncia auto-golpe de Estado del gobierno contra Asamblea Nacional," El nacional, 30 de marzo de 2017, en http://www.el-nacional.com/noticias/mundo/almagro-denuncia-auto-golpe-estado-del-gobierno-contra-asamblea-nacional_88094.

28 Véase el texto en la reseña "Fiscal General de Venezuela, Luisa Ortega Díaz, dice que sentencias del Tribunal Supremo sobre la Asamblea Nacional violan el orden constitucional," en Redacción BBC *Mundo*, *BBC Mundo*, 31 de marzo de 2017, en http://www.bbc.com/mundo/noticias-america-latina-39459905 Véase el video del acto en https://www.youtube.com/watch?v=GohPIrveXFE.

29 Véase su texto en "Consejo de Defensa Nacional exhorta al TSJ a revisar sentencias 155 y 156 // #MonitorProDaVinci,'1 de abril de 2017, en

cuando es bien sabido que un juez no puede nunca, en ninguna parte del mundo, reformar ni revocar sus sentencias.

Pero el Juez Constitucional en Venezuela, que no respeta el derecho, ni tiene quien lo controle, si lo hizo, y al día siguiente, 1 de abril de 2017, atendiendo sumiso el exhorto del Poder Ejecutivo, procedió a reformar y revocar parcialmente las sentencias Nos 156 y 157 mediante sentencias Nos. 157[30] y 158,[31] todo en violación de los principios más elementales del debido proceso.

De todo este proceso que no es más que la consolidación de una dictadura judicial, el resultado hoy es que de los cinco poderes públicos que conforman la separación de poderes en Venezuela (Ejecutivo, Legislativo, Judicial, Ciudadano y Electoral), si bien el único con autonomía frente al Poder Ejecutivo desde enero de 2016 es la Asamblea Nacional, sin embargo, como consecuencia del golpe de Estado continuado que ha dado el Poder Ejecutivo en colusión con el Poder Judicial, dicho Poder Legislativo ha sido materialmente paralizado y sus miembros diputados despojados de su inmunidad parlamentaria, estando a punto de

---

http://prodavinci.com/2017/04/01/ac-tualidad/consejo-de-defensa-nacional-exhorta-al-tsj-a-revisar-sentencias-155-y-156-monitorprodavinci/.

30 Véase en http://historico.tsj.gob.ve/decisiones/scon/abril/197399-157-1417-2017-17-0323.HTML. Véase sobre esta sentencia los comentarios en Allan R. Brewer-Carías, "La nueva farsa del Juez Constitucional controlado: la inconstitucional y falsa "corrección" de la usurpación de funciones legislativas por parte de la Sala Constitucional del Tribunal Supremo (sentencias Nos. 157 y 158 de 1 de abril de 2017), New York 4 de abril, 2017, en http://allanbrewercarias.net/site/wp-content/uploads/2017/04/151.-doc.-Brewer-Nueva-farsa-del-Juez-Constitucional.-Falsa-correcci%C3%B3n.-Sentencias-Sala-Constit.-157-y-158-.-4-4-2017.pdf.

31 Véase en http://historico.tsj.gob.ve/decisiones/scon/abril/197400-158-1417-2017-17-0325.html. Véase sobre esta sentencia los comentarios en Allan R. Brewer-Carías, "La nueva farsa del Juez Constitucional controlado: la inconstitucional y falsa "corrección" de la usurpación de funciones legislativas por parte de la Sala Constitucional del Tribunal Supremo (sentencias Nos. 157 y 158 de 1 de abril de 2017), New York 4 de abril, 2017, en http://allanbrewercarias.net/site/wp-content/uploads/2017/04/151.-doc.-Brewer-Nueva-farsa-del-Juez-Constitucional.-Falsa-correcci%C3%B3n.-Sentencias-Sala-Constit.-157-y-158-.-4-4-2017.pdf.

que se le revoque ilegítimamente su mandato por supuesto desacato judicial. El resto de los Poderes Públicos, en cambio, cuyos titulares fueron designados por la antigua Asamblea Nacional sin cumplir con lo pautado en la Constitución, han quedado todos dependientes de Ejecutivo habiendo abandonado sus poderes de control.

Ello implica que en Venezuela, durante 17 años, no ha habido Contraloría General de la República que ejerza control fiscal alguno, razón por la cual el país está hoy ubicado en el primer lugar del índice de corrupción en el mundo.[32]

El Defensor del Pueblo, desde nunca ha protegido los derechos humanos,[33] habiéndose convertido en realidad en el órgano oficial para avalar la violación de los mismos por parte de las autoridades del Estado,[34] lo que ha quedado evidenciado con la

---

[32] Véase el Informe de la ONG alemana, Transparencia Internacional de 2013, en el reportaje: "Aseguran que Venezuela es el país más corrupto de Latinoamérica", en *El Universal*, Caracas 3 de diciembre de 2013, en http://www.eluniversal.com/nacional-y-politica/131203/aseguran-que-venezuela-es-el-pais-mas-corrupto-de-latinoamerica. Igualmente véase el reportaje en BBC Mundo, "Transparencia Internacional: Venezuela y Haití, los que se ven más corruptos de A. Latina," 3 de diciembre de 2013, en http://www.bbc.co.uk/mundo/ultimas_noticias/2013/12/131203_ultnot_transparencia_corrupcion_lp.shtml. Véase al respecto, Román José Duque Corredor, "Corrupción y democracia en América Latina. Casos emblemáticos de corrupción en Venezuela," en *Revista Electrónica de Derecho Administrativo*, Universidad Monteávila, 2014.

[33] Véase los comentarios en Allan R. Brewer-Carías, "La participación ciudadana en la designación de los titulares de los órganos no electos de los Poderes Públicos en Venezuela y sus vicisitudes políticas", en *Revista Iberoamericana de Derecho Público y Administrativo*, Año 5, Nº 5-2005, San José, Costa Rica 2005, pp. 76-95.

[34] Por ejemplo, ante la crisis de la salud denunciada por la Academia Nacional de Medicina en agosto de 2014, reclamando la declaratoria de emergencia del sector, la respuesta de la Defensora del Pueblo fue simplemente que en Venezuela no había tal crisis. Véase el reportaje: "Defensora del Pueblo Gabriela Ramírez afirma que en Venezuela no existe ninguna crisis en el sector salud," en *Noticias Venezuela*, 20 agosto de 2014, en http://noticiasvenezuela.info/2014/08/defensora-del-pueblo-gabriela-ramirez-afirma-que-en-venezuela-no-existe-ninguna-crisis-en-el-sector-salud/; y el reportaje: "Ga-

brutal represión al derecho a manifestar de la cual el mundo entero ha sido testigo en los últimos tiempos.[35]

El Ministerio Público que ejerce la Fiscalía General de la República, en lugar de haber sido la parte de buena fe en los procesos penales para garantizar la Constitución, ha sido el principal instrumento para asegurar la impunidad en el país, y la persecución política,[36] y ello, insisto, a pesar de que en las últimas semanas haya comenzado a descubrir que las sentencias de la Sala Constitucional significaron una ruptura del orden democrático, que luego de lustros de silencio, haya también descubierto que "aún en un estado de excepción debe respetarse el debido proceso,"[37] y más recientemente haya reconocido que no se puede

---

briela Ramírez, Defensora del Pueblo: Es desproporcionada petición de emergencia humanitaria en el sector salud," en *El Universal*, Caracas 20 de agosto de 2014, en http://m.eluniversal.com/nacional-y-politica/140820/es-desproporcionada-peticion-de-emergencia-humanitaria-en-el-sector-sa. Por ello, con razón, el Editorial del diario *El Nacional* del 22 de agosto de 2014, se tituló: "A quien defiende la defensora?" Véase en http://www.el-nacional.com/opinion/editorial/defiende-defensora_19_46874-3123.html.

35   Ello incluso le fue reclamado al Defensor por su propio hijo, estudiante de derecho, quién sufrió en carne propia la represión y vio fallecer a un compañero a manos de los represores, reclamándole a su padre, y exigiéndole que cumpliera con su deber. Véase la reseña "Ese, pude haber sido yo", dice el hijo del Defensor del Pueblo al condenar la "brutal represión," en *CNN en español*, 27 de abril de 2017, en http://cnnespanol.cnn.com/2017/04/27/hijo-del-defensor-del-pueblo-tarek-william-saab-condena-la-represion-en-venezuela/.

36   Como se destacó en el Informe de la Comisión Internacional de Juristas sobre *Fortalecimiento del Estado de Derecho en Venezuela*, publicado en Ginebra en marzo de 2014, el "Ministerio Público sin garantías de independencia e imparcialidad de los demás poderes públicos y de los actores políticos," quedando los fiscales "vulnerables a presiones externas y sujetos órdenes superiores." Véase en http://icj.wpengine.netdna-cdn.com/wp-content/uploads/2014/06/VENEZUELA-Informe-A4-elec.pdf.

37   Véase el reportaje: "Ortega Díaz: Hasta en un estado de excepción debe respetarse el debido proceso" donde además "pidió respeto para quienes piensen distinto," en *El Nacional*, Caracas 26 de abril de 2017.

"exigir conductas legales y pacíficas de los ciudadanos si el Estado toma decisiones que son contrarias a la ley."[38]

Además, está el Poder Electoral, a cargo del Consejo Nacional Electoral, que ha terminado de ser una especie de agencia electoral del propio gobierno, integrado por militantes del partido oficial en violación abierta de la Constitución, habiendo dejado de ser el árbitro independiente en las elecciones. Este Poder, en todo caso, desde 2004 quedó totalmente secuestrado por el Poder Ejecutivo, al ser sus jerarcas nombrados por el Tribunal Supremo de Justicia conforme a las instrucciones del primero, usurpando las funciones que corresponden a la Asamblea Nacional.[39]

En ese marco de violaciones, de incumplimiento de promesas ofrecidas y de desprecio a la Constitución, lo más grave en Venezuela ha sido el efecto devastador que ha tenido para todas las instituciones el control político que se ejerce sobre el Poder Judicial, pues es bien sabido que si un Poder Judicial está controlado por el Ejecutivo o el Legislativo, por más separados que incluso conforme a la Constitución deban estar, no existe el principio de la separación de poderes, y en consecuencia, no se puede hablar de Estado de derecho.

Y esa es la situación en Venezuela, donde desde 1999, por obra inicial del régimen transitorio ya comentado adoptado por la misma Asamblea Nacional Constituyente, que intervino todo el

---

[38] Véase en Anatoly Kurmanaev y Kejal Vyas, "Venezuela Minister Chides Regime She Serves," en *The Wall Street Journal*, New York, 4 de mayo de 2017, p. A9.

[39] Véase Allan R. Brewer–Carías, "El secuestro del Poder Electoral y la confiscación del derecho a la participación política mediante el referendo revocatorio presidencial: Venezuela 2000–2004,", en *Boletín Mexicano de Derecho Comparado*, Instituto de Investigaciones Jurídicas, Universidad Nacional Autónoma de México, N° 112. México, enero–abril 2005 pp. 11–73; *La Sala Constitucional versus el Estado Democrático de Derecho. El secuestro del poder electoral y de la Sala Electoral del Tribunal Supremo y la confiscación del derecho a la participación política*, Los Libros de El Nacional, Colección Ares, Caracas, 2004, 172 pp.

Poder Judicial,⁴⁰ con lo cual se comenzó a integrar el Tribunal Supremo de Justicia con magistrados controlados para asegurar su sujeción al Poder Ejecutivo; todo lo cual condujo al secuestro total de la Judicatura, integrada toda por jueces provisorios o temporales⁴¹ completamente sometidos a presiones políticas, quienes pueden ser despedidos sin garantías algunas del debido proceso.⁴²

El resultado de todo ello ha sido la trágica dependencia del Poder Judicial sometido a los designios y político por parte del Poder Ejecutivo,⁴³ funcionando como instrumento al servicio del

---

40   Véase nuestro voto salvado a la intervención del Poder Judicial por la Asamblea Nacional Constituyente en Allan R. Brewer–Carías, *Debate Constituyente, (Aportes a la Asamblea Nacional Constituyente)*, Tomo I, (8 agosto–8 septiembre), Caracas 1999; y las críticas formuladas a ese proceso en Allan R. Brewer–Carías, *Golpe de Estado y proceso constituyente en Venezuela*, Universidad Nacional Autónoma de México, México, 2002.

41   En el *Informe Especial* de la Comisión sobre Venezuela correspondiente al año 2003, la misma también expresó, que "un aspecto vinculado a la autonomía e independencia del Poder Judicial es el relativo al carácter provisorio de los jueces en el sistema judicial de Venezuela. Actualmente, la información proporcionada por las distintas fuentes indica que más del 80% de los jueces venezolanos son "provisionales". *Informe sobre la Situación de los Derechos Humanos en Venezuela 2003*, cit. párr. 161.

42   Como lo destacó la misma Comisión Internacional de Juristas, en un *Informe* de marzo de 2014, que resume todo lo que en el país se ha venido denunciando en la materia, al dar "cuenta de la falta de independencia de la justicia en Venezuela," se destaca que *"el Poder Judicial ha sido integrado desde el Tribunal Supremo de Justicia (TSJ) con criterios predominantemente políticos en su designación. La mayoría de los jueces son "provisionales" y vulnerables a presiones políticas externas, ya que son de libre nombramiento y de remoción discrecional por una Comisión Judicial del propio Tribunal Supremo, la cual, a su vez, tiene una marcada tendencia partidista."* Véase en http://icj.wpengine.netdna-cdn.com/wp-content/uploads/2014/06/VENEZUELA-Informe-A4-elec.pdf.

43   Véase Allan R. Brewer–Carías, "La progresiva y sistemática demolición de la autonomía en independencia del Poder Judicial en Venezuela (1999–2004)", en *XXX Jornadas J.M Domínguez Escovar, Estado de derecho, Administración de justicia y derechos humanos*, Instituto de Estudios Jurídicos del Estado Lara, Barquisimeto, 2005, pp. 33–174; y "La justicia sometida al poder [La ausencia de independencia y autonomía de los jueces en Venezue-

gobierno del Estado y de su política autoritaria;[44] tal cual como aquellos jueces del horror del régimen nazi.

Por ello, no son de extrañar, que con toda vergüenza para Venezuela, en tiempos recientes se hayan dictado decisiones por los las Cortes Supremas de Costa Rica, de Brasil y de Chile negando solicitudes de extradición formuladas por el Estado venezolano, por considerar que los posibles extraditables de concretarse la extradición, no tendrían aseguradas las garantía de debido proceso en el país.[45]

A todo lo anterior se suma el absoluto desprecio de la Constitución manifestado por el régimen, particularmente en los últi-

---

la por la interminable emergencia del Poder Judicial (1999–2006)]" en *Cuestiones Internacionales. Anuario Jurídico Villanueva 2007,* Centro Universitario Villanueva, Marcial Pons, Madrid, 2007, pp. 25–57; "La demolición de las instituciones judiciales y la destrucción de la democracia: La experiencia venezolana," en *Instituciones Judiciales y Democracia. Reflexiones con ocasión del Bicentenario de la Independencia y del Centenario del Acto Legislativo 3 de 1910,* Consejo de Estado, Sala de Consulta y Servicio Civil, Bogotá 2012, pp. 230-254.

44 Por ello, la Comisión Internacional de Juristas de Ginebra, en 2014 concluyó considerando que: "Un sistema de justicia que carece de independencia, como lo es el venezolano, es comprobadamente ineficiente para cumplir con sus funciones propias. En este sentido en Venezuela, […] el poder judicial, precisamente por estar sujeto a presiones externas, no cumple su función de proteger a las personas frente a los abusos del poder sino que por el contrario, en no pocos casos es utilizado como mecanismo de persecución contra opositores y disidentes o simples críticos del proceso político, incluidos dirigentes de partidos, defensores de derechos humanos, dirigentes campesinos y sindicales, y estudiantes. Véase en http://icj.wpengine.netdna-cdn.com/wp-content/uploads/2014/06/VENEZUELA-Infor-me-A4-elec.pdf.

45 Véase Allan R. Brewer-Carías, "Las Cortes Supremas de Costa Rica, Brasil y Chile condenan la falta de garantías judiciales en Venezuela. De cómo, ante la ceguera de los gobiernos de la región y la abstención de la Corte Interamericana de Derechos Humanos, han sido las Cortes Supremas de estos países las que con base en la jurisdicción universal de protección de los derechos humanos, han comenzado a juzgar la falta de autonomía e independencia del Poder Judicial en Venezuela, dictando medidas de protección a favor de ciudadanos venezolanos contra el Estado venezolano," en *Revista de Derecho Público,* No. 143-144, (julio- diciembre 2015, Editorial Jurídica Venezolana, Caracas 2015, pp. 495-500.

mos siete años, al haber desarrollado un proceso de desconstitucionalización progresivo del Estado,[46] para establecer en el país un "Estado del Poder Popular" o "Estado Comunal," cuyo último intento ha sido mediante la convocatoria de la Asamblea Nacional Constituyente en mayo de 2017, cuya evidente inconstitucionalidad se analiza en este libro.

En efecto, Hugo Chávez pretendió imponer ese Estado Comunal o del Poder Popular en 2007 con una reforma constitucional que sin embargo, sometida a referendo fue abrumadoramente rechazado por el pueblo. Ese Estado del Poder Popular se quería montar sobre la base de suplantar la democracia representativa y el propio Estado democrático y social de derecho previsto en la Constitución, eliminando el sufragio y además la forma federal del Estado, desmunicipalizando a la nación.[47] Dicho Estado Comunal, sin embargo, en fraude a la Constitución y a la voluntad popular fue decretado mediante leyes orgánicas en 2010, ante la completa abstención y pasividad cómplice del Juez Constitucional, que se ha negado a juzgar que la Constitución no puede reformarse mediante leyes sino solo mediante los procedimientos establecidos en la Constitución.

Por todo esto, luego de 17 años de desgobierno autoritario en Venezuela, no queda otra conclusión institucional a la que podamos llegar, que todo aquél proceso constituyente de 1999, no fue

---

46 Véase Allan R. Brewer-Carías, *Estado totalitario y desprecio a la Ley. La desconstitucionalización, desjuridificación, desjudicialización y desdemocratización de Venezuela*, Fundación de Derecho Público, Editorial Jurídica Venezolana, 2014, 532 pp.; segunda edición, (Con prólogo de José Ignacio Hernández), Caracas 2015, 542 pp.

47 Véase Allan R. Brewer-Carías, "El inicio de la desmunicipalización en Venezuela: La organización del Poder Popular para eliminar la descentralización, la democracia representativa y la participación a nivel local", en *AIDA, Opera Prima de Derecho Administrativo. Revista de la Asociación Internacional de Derecho Administrativo*, Universidad Nacional Autónoma de México, Facultad de Estudios Superiores de Acatlán, Coordinación de Postgrado, Instituto Internacional de Derecho Administrativo "Agustín Gordillo", Asociación Internacional de Derecho Administrativo, México, 2007, pp. 49 a 67.

otra cosa sino un soberano fracaso; habiéndose aprobado una gran mentira, concibiendo la Constitución como una máscara para justificar el asalto al poder y dar un golpe de Estado constituyente.

Dada la crisis política de entonces, el país fijó sus esperanzas de cambio en la Asamblea Constituyente que se prometía resolvería todos los problemas del país, pero lo que resultó fue que cayó inmisericordemente en manos de una secta antidemocrática que asaltó el poder a mansalva, a la vista de todos, cumpliendo, sí, con la promesa de acabar con la vieja política de los partidos tradicionales, pero no para edificar una nueva democracia en su sustitución, sino para acabar en fraude a la Constitución con la propia democracia, utilizando sus propios instrumentos, y con ello demoler y machacar institucionalmente el país.[48]

En ese contexto, la Constitución se convirtió en un conjunto normativo maleable por absolutamente todos los poderes públicos, cuyas normas, una vez abandonada su rigidez, han tenido en la práctica la vigencia y el alcance que dichos órganos han dispuesto mediante inconstitucionales leyes ordinarias y decretos leyes que el Juez Constitucional se niega a juzgar y controlar, e incluso, para mayor tragedia, con la participación activa del mismo, como antes dije, mediante sentencias de interpretación constitucional todas hechas a la medida, o mediante mutaciones ilegítimas para "garantizar" que dichas actuaciones inconstitucionales no serán controladas.

La última muestra de este desprecio a la Constitución ha sido la inconstitucional convocatoria por parte de quien ejerce la Presidencia de la República nada menos que de una Asamblea Constituyente para transformar el Estado, adoptar un nuevo ordenamiento jurídico y dictar una nueva Constitución, sin consultar al pueblo para precisamente constitucionalizar el mismo Estado Comunal rechazado por el pueblo en 2007.

---

48 Véase. Allan R. Brewer-Carías, *La ruina de la democracia. Algunas consecuencias. Venezuela 2015*, Editorial Jurídica Venezolana, Caracas 2015.

El procedimiento escogido es absolutamente inconstitucional, e incluso ha sido rechazado por la Fiscal General de la República[49] y unos Magistrados del Tribunal Supremo.[50]

De acuerdo con el texto de la Constitución, al supuestamente estar montado sobre el concepto de democracia participativa, el mismo exige la participación del pueblo mediante referendo en cualquier de los tres mecanismos de reforma constitucional que son según la importancia de la reforma propuesta, la enmienda constitucional, la reforma constitucional y la asamblea constituyente.

En los tres casos, la Constitución exige que en el caso de la enmienda o de la reforma constitucional el pueblo apruebe la revisión constitucional mediante referendo aprobatorio, una vez que ha sido sancionada, (arts.341.3, y 344); o que el pueblo convoque también mediante referendo a la Asamblea Nacional Constituyente (art. 347).[51] No es posible concebir que para cambiar "una coma" de un artículo, o para reformar un artículo fundamental se requiera de la participación del pueblo mediante referendo; y ello no se requiera en cambio para cambiar toda la Constitución y dictar una nueva.

Por ello, la Constitución exige que sea el pueblo el que pueda convocar una Asamblea Constituyente, pudiendo manifestarse sólo mediante referendo, y así vote también por las bases comiciales sobre la asamblea constituyente que deben garantizar el funcionamiento de la misma conforme a los valores, principios y

---

49 Véase Luisa Ortega Días, en "Fiscal Ortega Días envió carta a Jaua para rechazar la Constituyente," en *El Nacional*, 19 de mayo de 2017.

50 Véase declaraciones del Magistrado Danilo Mujica, de la Sala de Casación Social, Caracas 23 de mayo de 2017, en https://www.youtube.com/watch?v=axFlSExNcRE.

51 Véase Allan R. Brewer-Carías, Véase sobre ello lo que hemos expuesto en Allan R. Brewer-Carías, *Reforma constitucional y fraude a la Constitución (1999-2009)*, Academia de Ciencias Políticas y Sociales, Caracas 2009, p. 64-66; y en *La Constitución de 1999 y la Enmienda constitucional Nº 1 de 2009*, Editorial Jurídica Venezolana, Caracas 2011, pp. 299-300.

garantías democráticas (art. 350), y entre ellas, el derecho a la democracia representativa. Ello implica que los constituyentes se tienen que elegir exclusivamente mediante sufragio universal, directo y secreto (art. 63), quedando proscrita toda otra forma de representación grupal, sectorial, de clase o territorial.

Esa convocatoria necesariamente popular de la Asamblea Nacional Constituyente (mediante referendo) es distinta a la *iniciativa* para que dicha convocatoria la pueda realizar el pueblo, que la Constitución le atribuye al Presidente en Consejo de Ministros, a la Asamblea Nacional con voto calificado, a los dos tercios de los Concejos Municipales, o a un quince por ciento de los electores (art. 348).

Por tanto, el hecho de poder tener la iniciativa para que se convoque la Asamblea Nacional Constituyente no puede implicar que se pueda usurpar el carácter del pueblo como depositario del poder constituyente originario, y que el Presidente de la República pueda convocar directamente una Constituyente sin el voto popular expresado en un referendo.

Pero esto, que es texto expreso de la Constitución, también ha sido abiertamente violado y despreciado por quien ejerce la Presidencia de la República, al haber convocado mediante decreto Nº 2830 una Asamblea Nacional Constituyente el día 1 de mayo de 2017.[52] Ello se ha sido como un gran fraude tanto respecto de la Constitución como de la propia voluntad popular, pues ha sido dictado usurpando y arrebatándole al pueblo su derecho exclusivo de convocar la Asamblea Constituyente, y además para considerar algo que ya el pueblo rechazó en 2007 mediante referendo.

Es decir, el decreto presidencial, además de ser un fraude a la Constitución, por su contenido también es un fraude a la voluntad popular expresada mayoritariamente mediante referendo en diciembre de 2007 rechazando la reforma constitucional que

---

52 Véase *Gaceta Oficial* Nº 6295 Extraordinario de 1 de mayo de 2017.

Hugo Chávez propuso[53] y que diez años después se quiere volver a aprobar pero sin la participación popular. Ese es el propósito que se quiere asignar a la Asamblea para dictar una nueva Constitución con el objeto de "constitucionalizar" un "Estado Comunal" o "del Poder Popular,"[54] lo que ya fue rechazado por el pueblo, pero sin ahora permitir que el pueblo se pronuncie. Es decir, el Sr. Maduro, en fraude a la voluntad popular, violando la Constitución y quitándole al pueblo su derecho a participar políticamente mediante referendo en cualquier reforma constitucional, pretende imponerle al pueblo con su sola voluntad, lo que desde 2010 se ha hecho inconstitucionalmente mediante leyes orgánicas,[55] un sistema de Estado del Poder Popular que el pueblo re-

---

53 Véase Allan R. Brewer-Carías, "La proyectada reforma constitucional de 2007, rechazada por el poder constituyente originario", en *Anuario de Derecho Público 2007,* Año 1, Instituto de Estudios de Derecho Público de la Universidad Monteávila, Caracas 2008, pp. 17-65.

54 Véase Allan R. Brewer-Carías, *Hacia la consolidación de un Estado socialista, centralizado, policial y militarista. Comentarios sobre el sentido y alcance de las propuestas de reforma constitucional 2007,* Colección Textos Legislativos, N° 42, Editorial Jurídica Venezolana, Caracas 2007; *La reforma constitucional de 2007 (Comentarios al proyecto inconstitucionalmente sancionado por la Asamblea Nacional el 2 de noviembre de 2007),* Colección Textos Legislativos, N° 43, Editorial Jurídica Venezolana, Caracas 2007.

55 Véase Allan R. Brewer-Carías, "Las leyes del Poder Popular dictadas en Venezuela en diciembre de 2010, para transformar el Estado Democrático y Social de Derecho en un Estado Comunal Socialista, sin reformar la Constitución," en *Cuadernos Manuel Giménez Abad,* Fundación Manuel Giménez Abad de Estudios Parlamentarios y del Estado Autonómico, N° 1, Madrid, Junio 2011, pp. 127-131; "La Ley Orgánica del Poder Popular y la desconstitucionalización del Estado de derecho en Venezuela," en *Revista de Derecho Público,* N° 124, (octubre-diciembre 2010), Editorial Jurídica Venezolana, Caracas 2010, pp. 81-101; *"Introducción General al Régimen del Poder Popular y del Estado Comunal (O de cómo en el siglo XXI, en Venezuela se decreta, al margen de la Constitución, un Estado de Comunas y de Consejos Comunales, y se establece una sociedad socialista y un sistema económico comunista, por los cuales nadie ha votado),"* en Allan R. Brewer-Carías, Claudia Nikken, Luis A. Herrera Orellana, Jesús María Alvarado Andrade, José Ignacio Hernández y Adriana Vigilanza, *Leyes Orgánicas sobre el Poder Popular y el Estado Comunal (Los consejos comunales, las comunas, la*

chazó, y que falsamente califica como supuestamente de "democracia participativa y protagónica."

Además, lo más descarado del decreto es haber fijado como criterio para la conformación de la Asamblea que la misma "obedezca a la estructura geopolítica del Estado Federal y Descentralizado, con base en la unidad política primaria de la organización territorial que nuestra Carta Magna consagra." Esta fraseología, además de ininteligible, es engañosa y contradictoria con lo que ha sido la política de Estado desde que se sancionó la Constitución de 1999, que ha sido preciosamente la demolición del "Estado Federal y descentralizado" que define la Constitución de 1999 (art. 4), y la destrucción del Municipio como la "unidad política primaria de la organización territorial" que debería ser conforme a la Constitución, mediante la desmunicipalización del país; y todo incongruentemente para elegir una Constituyente cuya misión es precisamente terminar de instaurar el Estado del Poder Popular basado en Consejos Comunales[56] que implica precisamente la eliminación de los Estados y Municipios.

Adicionalmente, el regular el Decreto quiénes pueden ser candidatos a constituyentes, dispuso en violación abierta de la Constitución (arts. 21, 39) que solo los venezolanos por nacimiento sin tener otra nacionalidad podrían ser candidatos, discriminando políticamente a los venezolanos por naturalización y a los venezolanos por nacimiento que tengan otra nacionalidad como lo permite la Constitución (art. 39), en la cual se regulan

---

sociedad socialista y el sistema económico comunal) Colección Textos Legislativos N° 50, Editorial Jurídica Venezolana, Caracas 2011, pp. 9-182.

56 Véase Allan R. Brewer-Carías, "El inicio de la desmunicipalización en Venezuela: La organización del Poder Popular para eliminar la descentralización, la democracia representativa y la participación a nivel local", en *AIDA, Opera Prima de Derecho Administrativo. Revista de la Asociación Internacional de Derecho Administrativo*, Universidad Nacional Autónoma de México, Facultad de Estudios Superiores de Acatlán, Coordinación de Postgrado, Instituto Internacional de Derecho Administrativo "Agustín Gordillo", Asociación Internacional de Derecho Administrativo, México, 2007, pp. 49 a 67.

los únicos casos en los que para una elección se exige la condición de venezolanos por nacimiento sin otra nacionalidad (art. 41).

Otra inconstitucionalidad en la que incurren las bases comiciales se refiere a la regulación de la elección de los integrantes de la Asamblea Nacional (art. 2), incurriendo en una contradicción imperdonable e insalvable, al expresar que los constituyentes "serán elegidos en los ámbitos sectoriales y territoriales […] mediante voto universal, directo y secreto." La elección universal de acuerdo con la Constitución es aquella en la cual *votan todos los ciudadanos* o electores, sin discriminación ni exclusión de cualquier tipo, por lo que una elección que se haga en "ámbitos sectoriales" como lo indica el decreto, precisamente por tratarse de sectores, es la antítesis de la universalidad.

En cuanto a las elecciones "sectoriales" conforme a la Constitución, solo son admisibles en el ámbito de las instituciones del Estado, para elegir representantes de los pueblos indígenas como diputados a la Asamblea Nacional (arts. 125, 186); y fuera del ámbito de los órganos del Estado, por ejemplo, para un partido político, un club social, un sindicato o una cámara de comercio, donde solo los miembros de esas organizaciones son electores; pero no para integrar una Asamblea Nacional Constituyente que tiene que representar la universalidad del pueblo.

En cuanto a las elecciones "territoriales" las mismas solo pueden realizarse conforme a la Constitución para integrar los órganos representativos en cada una de las entidades políticas, como los concejales para los Concejos Municipales y los diputados a los Consejos Legislativos de los Estados (arts. 175, 162). Fuera de esos ámbitos, municipal y estadal, en ningún otro caso en el órgano representativo nacional, que es la Asamblea Nacional, se permite representación territorial alguna, la cual está proscrita de la Constitución al punto de que en la misma se prevé respecto de los diputados a la Asamblea, que los mismos son representantes del pueblo y de los Estados en su conjunto (art. 201), y por tanto no tienen representación territorial alguna.

El decreto de convocatoria inconstitucional de la Asamblea Constituyente, y el Decreto N° 2878 de fecha 23 de mayo de 2017[57] que fijó inconstitucionalmente unas "bases comiciales" que no se someterán a "comicios" es decir, a votación; estableció sobre esta elección "territorial" de los miembros de la Asamblea Nacional, un sistema de elección de constituyente, uno por cada uno de los 335 Municipios del país, lo que conduce al absurdo de que, por ejemplo, los municipios de la ciudad capital (Caracas), de Maracaibo, o de Valencia, con más de un millón de habitantes, tendrían igual representación que los pequeños municipios de los Estados Amazonas o Apure con solo unos miles de habitantes.

En todo caso, ninguno de los anteriores argumentos tiene valor alguno para la forma *a la medida* cómo la Sala Constitucional del Tribunal Supremo viene "interpretando" la Constitución, conforme a lo que le requiera o exija el Presidente de la República, razón por la cual, en fecha 31 de mayo de 2017, dictó la sentencia N° 378, al decidir un recurso de interpretación interpuesto por un ciudadano respecto de los artículos 357 y 358 de la Constitución que regula la figura de la Asamblea Nacional Constituyente como instrumento para la reforma total e integral de la Constitución. La sentencia concluyó indicando, simplemente, que como el dichas normas constitucionales no indican expresamente que debe haber un referendo popular para convocarla, ignorando que es el pueblo el que solo la puede convocar la Constituyente, usurpando la voluntad popular indicó que el Presidente de la República sí podía convocar la Asamblea Constituyente sin consultar al pueblo. Es decir, ni más ni menos, ello es equivalente a indicar que para cambiar una simple coma en una frase de un artículo en la Constitución mediante el procedimiento de Enmienda constitucional, o para reformar un artículo de la misma mediante el procedimiento de Reforma constitucional, se requiere de un referendo popular, pero que sin embargo, para reformar

---

57 Véase en *Gaceta Oficial* N° 41156 de 23 de mayo de 2017.

toda la Constitución y sustituir el texto vigente por otro nuevo, no se necesita consultar al pueblo.[58]

Ante este absurdo constitucional, con toda razón, la Fiscal General de la República solicitó al Tribunal Supremo con fecha 1º de junio de 2017, conforme a lo dispuesto en el Código de Procedimiento Civil, una aclaratoria de dicha sentencia, la cual ni siquiera fue considerada por el Tribunal Supremo de Justicia, al decidir mediante sentencia Nº 441 de 7 de mayo de 2017,[59] dictada hace escasos días, que la Fiscal General de la República no tenía legitimación alguna para solicitar aclaratorias de sentencias pues supuestamente no era "parte" en el proceso específico, ignorando que en una parte nata en todos los procesos constitucionales, como veladora que es, conforme a la Constitución, de las garantías constitucionales (art.285.1).[60] La Sala para decidir en esta forma, en la sentencia, incluso llegó a eliminar el carácter de "proceso" que necesariamente debería tener el proceso constitucional de interpretación constitucional que se origina con los recursos de interpretación.

Ante este revés, al día siguiente, 8 de junio de 2017, la Fiscal General de la República en su condición de ciudadana, de electora y de Fiscal General, buscando poder argumentar ante alguna autoridad judicial su demanda de inconstitucionalidad de todo el proceso de convocatoria de la Asamblea Nacional Constituyente fraudulenta hecha por el Poder Ejecutivo, introdujo recurso contencioso electoral por razones de inconstitucionalidad, conjunta-

---

58 Ante las críticas generalizadas, mediante Decreto Nº 2889 de 4 de junio de 2017 (*Gaceta Oficial* Nº 6303 Extra de 4 de junio de 2017), el Presidente de la república "complementó las bases comiciales" exhortando a la Asamblea Nacional Constituyente que se elija para someter a referendo aprobatorio la Constitución que se sancione.

59 Véase http://historico.tsj.gob.ve/decisiones/scon/junio/199712-441-7617-2017-17-0519.HTML

60 Véase en http://www.panorama.com.ve/politicayeconomia/TSJ-declaro-inadmisible-solici-tud-de-aclaratoria-interpuesta-por-la-fiscal-Luisa-Ortega-Diaz-20170607-0083.html.

mente con una petición de amparo cautelar, ante la Sala Electoral del Tribunal Supremo de Justicia,[61] contra las decisiones del Consejo Nacional Electoral, mediante las cuales había aprobado y convalidado la convocatoria a la Asamblea Nacional Constituyente efectuada por el Presidente de la República, había validado las bases comiciales respectivas, había convocado a postulaciones para constituyentístas y había convocado a las elecciones de los mismos.

La Fiscal General, además, desde la sede del mismo Tribunal Supremo de Justicia, convocó públicamente a todos los ciudadanos interesados a adherirse y hacerse parte en el recurso que había intentado, lo cual fue acogido por los gremios de abogados, y en general, por representantes de ONGs y otras personas de la oposición al gobierno, buscando que el mayor número de personas se adhiriera a dicho recurso, como medio de presión al Tribunal Supremo.

En los días que siguieron, sin embargo, la Sala Electoral del Tribunal Supremo de Justicia cesó de dar audiencias de despacho, a los efectos de no recibir ningún recurso o adhesión, y en todo caso, las fuerzas de seguridad represivas del gobierno bloquearon e impidieron a las personas llegar hasta la sede del mismo. Además, desde la organización administrativa del Poder Judicial, los Jueces Rectores Civiles en los Estados se dirigieron a todos los jueces de cada Estado informándoles que *debían abstenerse de recibir* dichas adhesiones. Días después, mediante sentencia Nº 67 de 12 de junio de 2017, la Sala Constitucional simplemente declaró inadmisible el recurso intentado por la Fiscal, por supuestamente haber una inepta acumulación ya que según la Sala, habría impugnado actos de distintos órganos del Estado (cuya nulidad compete a diferentes tribunales), cuando ello es absolutamente falso pues en el recurso la Fiscal solo impugnó decisiones del Consejo Nacional Electoral.

---

61 Véase el texto en http://www.mp.gob.ve/c/document_library/get_file?uuid=-3e9aba8c-59ab-4e99-86e0-8953e5e1a504&groupId=10136.

En cuanto a la impugnación del Decreto sobre las bases constituyentes por no haber sido sometidas a referendo popular, en todo caso, la Sala Constitucional al declarar sin lugar un recurso de nulidad mediante sentencia N° 455 de 12 de junio de 2017 (caso: Emilio J. Urbina Mendoza),[62] resolvió sin fundamento alguno que no era "necesario ni constitucionalmente obligante, un referéndum consultivo previo para la convocatoria de una Asamblea Nacional Constituyente, porque ello no está expresamente contemplado en ninguna de las disposiciones del Capítulo III del Título IX," declarando así de antemano y *Urbi et Orbi*, la "constitucionalidad" del decreto impugnado con lo cual con ello se anticipó a decir que desecharía en el futuro cualquier otro recurso de nulidad por inconstitucionalidad, así los fundamentos del mismo fueran otros.[63]

Y eso fue precisamente lo que ocurrió con el recurso de nulidad por inconstitucionalidad intentado ante la Sala Constitucional contra el mismo Decreto, por la Fiscal General de la República y otros altos funcionarios del Ministerio Público, respecto del cual la Sala lo declaró inadmisible mediante sentencia N° 470 de 27 de junio de 2017,[64] precisamente por haber "operado la cosa juzgada" sentada en dicha sentencia N° 455 de 12 de junio de 2017que ya había "juzgado la constitucionalidad" del Decreto.

---

[62] Véase sobre lo expuesto en esta Parte, el documento: "El Juez Constitucional vs. el pueblo, como poder constituyente originario," (Sentencias de la Sala Constitucional N° 378 de 31 de mayo de 2017 y N° 455 de 12 de junio de 2017), 16 de junio de 2017, en http://allanbrewercarias.net/site/wp-content/uploads/2017/06/161.-doc.-Sobre-proceso-constituyente-SC-sent.-378-y-455.pdf

[63] Como lo indicó el profesor Emilio Urbina, recurrente en el caso, haciendo el decreto, *"inmune a cualquier otra acción,"* o sea declarándolo como no controlables por el Poder Judicial. Véase los comentarios a la sentencia en Emilio J. Urbina, "El Apartheid criollo socialista: La interpretación constitucional como creadora de discriminación política. Los efectos de la sentencia 455/2017 de la Sala Constitucional Constituyente," 19 de junio de 2017.

[64] Véase en http://historico.tsj.gob.ve/decisiones/scon/junio/200380-470-27617-2017-17-0665.HTML

Ante tanto desprecio de la Constitución, ante tantas promesas incumplidas sobre el establecimiento de un Estado democrático y social de derecho y de justicia, federal y descentralizado, y de una democracia representativa y participativa, y ante la ausencia de un Juez Constitucional que pueda asumir el rol de ser sustituto de la rebelión popular contra las violaciones a la Constitución, no es de extrañar que el pueblo venezolano haya comenzado a rebelarse contra el gobierno autoritario.

Ello se manifestó, primero en diciembre de 2015, cuando sin duda se produjo una rebelión popular contra el autoritarismo, aun cuando por la vía electoral, mediante el voto, exigiendo un cambio de régimen político, habiendo logrado la oposición democrática la mayoría calificada e la Asamblea nacional.

Esa vía democrática, sin embargo, lamentablemente se cerró por el régimen autoritario, no sólo castrando a la Asamblea Nacional de absolutamente todos sus poderes, sino impidiendo que otras fórmulas de manifestación del voto popular se pudieran manifestar.

Y así ocurrió con la postergación injustificada e inconstitucional de las elecciones regionales de Gobernadores y Alcaldes que constitucionalmente debieron haberse realizado el año pasado; con la obstaculización hasta su eliminación de la realización del referendo revocatorio presidencial al cual tiene derecho el pueblo; y ahora con la convocatoria de la Asamblea Nacional Constituyente que ha ignorado al pueblo.

Ello ha producido ahora el inicio de otra forma de rebelión popular, como todo el mundo lo ha constatado, aún frente a todas estas adversidades antidemocráticas, que se ha manifestado, no mediante el sufragio cuyo ejercicio se le niega al pueblo, sí mediante la masiva movilización popular de protesta generalizada que hemos estado viendo en las últimas semanas. Estas demostraciones populares incluso se han producido, a pesar de la brutal represión militar desatada contra manifestantes pacíficos e inermes que son asesinados por fuerzas oficiales de represión y bandas criminales protegidas por el Estado, que más bien parecen pertenecer a un ejército de ocupación que a unidades encargadas de velar por el orden público.

Por más trágico que sea, quizás todo esto nos permite atisbar ahora alguna esperanza de que podamos volver a ver de nuevo florecer la democracia en el país, y que eventualmente se permita a la representación de la voluntad popular rescatar su rol constitucional.

Afortunadamente, en un mundo globalizado, así sea tardíamente, ha sido de primera importancia que al fin se haya comenzado a manifestar el franco apoyo de la comunidad internacional en favor del proceso democrático del país, en lo cual el rol fundamental, hay que reconocerlo, lo ha tenido el Secretario General de la OEA Dr. Luis Almagro,[65] a quien todos los venezolanos tenemos que agradecer; y que por su persistencia ello, haya movido a los gobiernos amigos a manifestarse abogando en diversas formas por el restablecimiento de la democracia en el país.

En todo caso, los venezolanos estamos obligados a no perder las esperanzas. Si confiamos en las enseñanzas de la historia, este período de crisis que ya lleva cerca de 24 años desde que los partidos fundamentales de la democracia decidieron abandonarla (1993), nos anuncia que ya está colapsando, que está ya está en su etapa terminal[66] y que solo faltan que se manifiesten los últi-

---

65 Véase *La Crisis de la democracia en Venezuela, la OEA y la Carta Democrática Interamericana. Documentos de Luis Almagro*, Iniciativa Democrática de España y las Américas (IDEA), Editorial Jurídica Venezolana International, 2016.

66 Así lo visualizamos hace 17 años. Véase Allan R. Brewer-Carías, "Venezuela: Historia y Crisis Política," en *Derecho y Sociedad. Revista de Estudiantes de Derecho de la Universidad Monteávila*, N° 3, Caracas, Abril 2002, pp. 217-244. Por ello, con razón, Eduardo Fernández, citando a Antonio Francesco Gramsci, apreció que "Está naciendo un nuevo momento en la historia de nuestro país. Como decía Gramsci, "el tiempo viejo no termina de morir y el tiempo nuevo no termina de nacer." Véase Eduardo Fernández, "La reconstrucción. Ya la llamada revolución del socialismo del siglo XXI es tiempo viejo," Caracas, 24 de junio de 2017, en http://venezuelactiva.com/2017/06/24/la-reconstruccion-por-eduardo-fernandez/

mos estertores para que surja el próximo ciclo de nuestra historia. Uno de dichos estertores, como ha ocurrido antes tantas veces, ha sido precisamente la inconstitucional convocatoria de una Asamblea Nacional Constituyente, en este caso en fraude a la voluntad popular, para buscar acabar definitivamente con lo que queda formalmente de Estado de derecho y de democracia representativa. Por eso, con razón, también se ha percibido este proceso como "la última batalla por la democracia" que se está librando en Venezuela.[67]

Por todo ello, en esta situación, como lo expresó hace poco nuestro amigo, el profesor Pedro Nikken:

"El gobierno tiene que rectificar porque se enfrenta a una rebelión popular generalizada. No pueden seguir pateando las instituciones;"

Agregando que:

"Si no rectifican, les van a quitar el poder por la violencia. El pueblo de Venezuela está alzado y con razones."[68]

New York / Madrid / Heidelberg / New York

1 de mayo / 28 de junio de 2017

---

[67] Véase David Luhnow and José de Córdoba, "Venezuela's Sinister Turn. Under Nicolás Maduro, a country that had been one of Latin America's wealthiest is having its democratic institutions shredded amid rising poverty and corruption," en *The Wall Street Journal*, New York, 24 de junio de 2017, pp.C1, C2.

[68] Véase Pedro Nikken, "Es suicida para el gobierno seguir el camino de la constituyente," en *El Nacional*, Caracas 22 de mayo 2017, en http://www.el-nacional.com/noticias/po-litica/suicida-para-gobierno-seguir-camino-constituyente_183517. Como también lo dijo Oswaldo Álvarez Paz: "El pueblo venezolano ha despertado y se rebela activamente. Ha entendido perfectamente que llegó la hora de luchar por la vida, por la libertad, por el derecho a trabajar en paz, por lo mucho o poco que va quedando y levantar una familia dignamente. Aquí está en peligro la existencia misma." Ver: "En la hora más difícil," en *Desde el puente*, 26 de junio de 2017, en http://alvarez-paz.blogspot.com/

Primera parte:

SOBRE LA NECESARIA E INDISPENSABLE PARTICIPACIÓN DEL PUEBLO EN LOS PROCESOS DE REVISIÓN O REFORMA DE LA CONSTITUCIÓN

El Presidente de la República de Venezuela, anunció el 1º de mayo de 2017 que convocaría una Asamblea Nacional Constituyente que es uno de los mecanismos previstos en la Constitución para reformar la Constitución en la forma más radical, ya que se prevé para transformar el Estado, crear un nuevo ordenamiento jurídico y redactar una nueva Constitución.

En cumplimiento de tal anuncio, evidentemente inconstitucional pues solo el pueblo puede convocar dicha Asamblea, dictó el Decreto Nº 2803 de 1 de mayo de 2017 convocando la Asamblea Nacional Constituyente,[69] y posteriormente el Decreto Nº 2878 de 23 de mayo de 2017[70] mediante el cual definió "las bases comiciales" para la misma, que fue complementado posteriormente mediante Decreto Nº 2.889 de fecha 4 de junio de 2017.[71]

Antes de comenzar a analizar esta inconstitucional y fraudulenta convocatoria de una Asamblea Nacional Constituyente por parte del Presidente de la República sustituyéndose al pueblo, debe precisarse, como lo explicamos hace unos años, que con-

---

69 Véase en *Gaceta Oficial* Nº 6.295 Extra de 1 de mayo de 2017.
70 Véase en *Gaceta Oficial* Nº 41.156 de 23 de mayo de 2017.
71 Véase en *Gaceta Oficial* Nº 41.165 de 5 de junio de 2017.

forme a la Constitución de 1999 es indispensable la participación directa del pueblo mediante referendo en todos los tres mecanismos que se regulan para la reforma o revisión constitucional, incluyendo por supuesto la Asamblea Nacional Constituyente.

Entonces resumí el régimen constitucional en la materia, indicando que la revisión o reforma constitucional:

> "se puede realizar mediante la adopción de enmiendas y reformas *que siempre requieren de la aprobación popular por la vía de referendo*. En cuanto a la convocatoria de una Asamblea Nacional Constituyente, *la misma debe ser convocada por referendo*, aun cuando la nueva Constitución no tiene que ser aprobada por el pueblo.

Los artículos 340 y 341 de la Constitución regulan las *Enmiendas constitucionales,* las cuales deben tener por objeto la adición o modificación de uno o varios artículos de esta Constitución, sin alterar su estructura fundamental; debiendo tramitarse conforme al artículo 341, en la forma siguiente:

1. La iniciativa puede partir del quince por ciento de los ciudadanos inscritos en el Registro Civil y Electoral; o de un treinta por ciento de los integrantes de la Asamblea Nacional o del Presidente de la República en Consejo de Ministros.

2. Cuando la iniciativa parta de la Asamblea Nacional, la enmienda requiere la aprobación de ésta por la mayoría de sus integrantes y se debe discutir, según el procedimiento establecido en esta Constitución para la formación de leyes.

3. El Poder Electoral debe someter a referendo las enmiendas a los treinta días siguientes a su recepción formal.

4. Se consideran aprobadas las enmiendas de acuerdo con lo establecido en esta Constitución y en la ley relativa al referendo aprobatorio.

5. Las enmiendas deben ser numeradas consecutivamente y se deben publicar a continuación de la Constitución sin alterar su texto, pero anotando al pie del artículo o artículos enmendados la referencia de número y fecha de la enmienda que lo modificó.

El Presidente de la República está obligado a promulgar las enmiendas dentro de los diez días siguientes a su aprobación. Si no lo hiciere, se aplicará lo previsto en la Constitución (Art. 346). En este último caso, se aplica el artículo 216 de la Constitución, el cual establece la obligación del Presidente y de los Vicepresidentes de la Asamblea Nacional de promulgar la ley cuando el Presidente de la República no lo hiciere en los lapsos respectivos.

En segundo lugar, en cuanto a las *Reformas constitucionales*, conforme al artículo 342 de la Constitución, las mismas tienen por objeto una revisión parcial de la misma y la sustitución de una o varias de sus normas que no modifiquen la estructura y principios fundamentales del texto constitucional.

La iniciativa de la Reforma puede ser tomada por la Asamblea Nacional mediante acuerdo aprobado por el voto de la mayoría de sus integrantes; por el Presidente de la República en Consejo de Ministros; o por un número no menor del quince por ciento de los electores inscritos en el Registro Civil y Electoral.

El artículo 343 de la Constitución regula el trámite de la iniciativa de reforma constitucional por la Asamblea Nacional en la forma siguiente:

1. El proyecto de reforma constitucional debe tener una primera discusión en el período de sesiones correspondiente a la presentación del mismo.

2. Una segunda discusión por Título o Capítulo, según fuera el caso.

3. Una tercera y última discusión artículo por artículo.

4. La Asamblea Nacional debe aprobar el proyecto de reforma constitucional en un plazo no mayor de dos años, contados a partir de la fecha en la cual conoció y aprobó la solicitud de reforma.

5. El proyecto de reforma se debe considerar aprobado con el voto de las dos terceras partes de los o las integrantes de la Asamblea Nacional.

El proyecto de reforma constitucional aprobado por la Asamblea Nacional, conforme lo exige el artículo 344 de la Constitución, debe ser sometido a referendo dentro de los treinta días siguientes a su sanción. El referendo se debe pronunciar en conjunto sobre la reforma, pero puede votarse separadamente hasta una tercera parte de ella, si así lo aprobara un número no menor de una tercera parte de la Asamblea Nacional o si en la iniciativa de reforma así lo hubiere solicitado el Presidente de la República o un número no menor del cinco por ciento de los electores inscritos en el Registro Civil y Electoral.

La Reforma constitucional se debe declarar aprobada si el número de votos afirmativos es superior al número de votos negativos. La iniciativa de reforma constitucional que no sea aprobada no puede presentarse de nuevo en un mismo período constitucional a la Asamblea Nacional (Art. 345).

El Presidente de la República está obligado a promulgar las reformas dentro de los diez días siguientes a su aprobación. Si no lo hiciere, se aplicará lo previsto en la Constitución (Art. 346). En este caso, igual que en las enmiendas, se aplica el artículo 216 de la Constitución.

Por último, conforme al artículo 347 de la Constitución, el pueblo, como "depositario del poder constituyente originario," puede convocar una *Asamblea Nacional Constituyente* con el objeto de transformar el Estado, crear un nuevo ordenamiento jurídico y redactar una nueva Constitución. *La voluntad del pueblo debe manifestarse mediante un referendo decisorio que debe ser convocado* como se indica en el artículo 348, a iniciativa del Presidente de la República en Consejo de Ministros; de la Asamblea Nacional, mediante acuerdo de las dos terceras partes de sus integrantes; de los Consejos Municipales en cabildo, mediante el voto de las dos terceras partes de los mismos; o del 15% de los electores inscritos en el registro Civil y Electoral. La Constitución no exige que la nueva Constitución que apruebe la Asamblea Nacional Constituyente deba someterse a la aprobación popular."[72]

No tiene ningún sentido, por tanto, en el ordenamiento jurídico venezolano, sostener que en la Constitución de 1999, para por

---

[72] Véase lo expuesto en Allan R. Brewer-Carías, *Reforma constitucional y fraude a la Constitución (1999-2009),* Academia de Ciencias Políticas y Sociales, Colección Estudios Nº 82, Caracas 2009, pp. 52-54.

ejemplo cambiar una "coma" de un artículo de la Constitución mediante *Enmienda Constitucional*, o cambiar el sentido de un artículo constitucional con alguna regulación sustancial mediante la *Reforma Constitucional* se requiere de la participación del pueblo mediante referendo aprobatorio, y que para cambiar TODA la Constitución, transformar el Estado y crear un nuevo ordenamiento jurídico mediante una Asamblea Nacional Constituyente no se requiera de la participación del pueblo mediante referendo de convocatoria.

Es un fraude a la Constitución y a la voluntad popular sostener que como en la Constitución solo se hace mención a referendo aprobatorio en el caso de la Enmienda Constitucional y de la Reforma Constitucional, que en consecuencia no es necesario el referendo de convocatoria en el caso de la Asamblea Constituyente a pesar de que la Constitución reserva al pueblo su convocatoria.

Con base en estas premisas a partir del 1 de mayo de 2017, cuando se anunció la inconstitucional convocatoria de la Asamblea Nacional Constituyente, fuimos analizando la propuesta mediante los escritos que siguen.[73]

---

[73] Como los trabajos que siguen fueron escritos a medida que se desarrolló el proceso, por lo que en cada uno de ellos hemos conservado la fecha en la cual fueron hechos público.

Segunda parte:

EL INCONSTITUCIONAL ANUNCIO DEL PRESIDENTE DE LA REPÚBLICA EL 1º DE MAYO DE 2017 DE CONVOCATORIA A UNA ASAMBLEA NACIONAL CONSTITUYENTE

El artículo 347 de la Constitución, en lenguaje directo y claro, sin ambigüedad alguna indica:

> Art. 347 Constitución: El pueblo de Venezuela *es el depositario del poder constituyente originario. En ejercicio de dicho poder* [el pueblo], *puede convocar una Asamblea Nacional Constituyente...*"

Al contrario de lo que establece expresamente esta norma, [74] sin embargo, quien ejerce la Presidencia de la República en Venezuela anunció el 1º de mayo de 2017, "la convocatoria al poder constituyente originario para ganar la paz y vencer el golpe de Estado y perfeccionar el sistema económico y político del pueblo" agregando que ello lo hacía supuestamente en uso de sus:

> "atribuciones presidenciales como jefe de Estado, constitucionales de acuerdo al artículo 347 *convoco el poder constitu-*

---

[74] Véase sobre lo expuesto en esta Parte, el documento "Sobre cómo se puede convocar en Venezuela una Asamblea Nacional Constituyente," 1 de mayo de 2017, en http://allan-brewercarias.net/site/wpcontent/uploads/2017/05/154.-doc.-Brewer.-C%C3%93MO-CONVOCAR-CONSTITUYENTE-1-5-2017.pdf.

yente originario para que la clase obrera en un proceso convoque a un Asamblea Nacional Constituyente."[75]

Esta propuesta que se concretó luego en los Decretos N° 2.830 de 1 de mayo de 2.017 y N° 2.878 de 23 de mayo de 2017, es errada, inconstitucional y fraudulenta.[76]

En Venezuela, se insiste, el Presidente de la República NO puede convocar una Asamblea Constituyente, pues conforme al texto del artículo 347 de la Constitución antes citado, quien puede convocar una Asamblea Constituyente es *el pueblo* exclusivamente, quien es el único que detenta el poder constituyente originario.

Y el pueblo no es una fracción o facción del mismo, y menos una persona o grupo, sino que está conformado por el universo de todos los electores, titulares de derechos políticos, considerados en su globalidad, y no solo un componente del mismo como podría ser la "clase obrera," o los "líderes comunitarios," o los representantes de "gremios" o sectores de intereses, o de "regiones."

En Venezuela, la "clase obrera" por supuesto es parte del pueblo, pero no es el pueblo ni pueden atribuírsele las prerrogativas del pueblo. Por tanto, pretender convocar inconstitucionalmente una constituyente y que se conforme solo con supuestos representantes de la "clase obrera," es inconstitucional y discriminatorio políticamente.

Ahora bien, precisamente porque el pueblo en su globalidad es el depositario del poder constituyente originario, el mismo conforme a la norma citada es quien "en ejercicio de dicho poder,"[…] "*puede convocar* una Asamblea Nacional Constituyente con el objeto de transformar el Estado, crear un nuevo ordenamiento jurídico y redactar una nueva Constitución;" debiendo

---

75 Véase Alonso Moleiro y María Fernanda Flores, gente de palabra, *Unión Radio*, 1 de mayo de 2017, en http://unionradio.net/maduro-afirma-que-seguira-batallando-para-vencer-guerra-de-precios/.

76 Véase respectivamente en *Gaceta Oficial* N° 6.295 Extra de 1° de mayo de 2017 y No. 41.186 de 23 de mayo de 2017.

hacerse dicha convocatoria como resultado de la expresión de la voluntad popular, la cual conforme a la Constitución solo se puede expresar a través de un referendo como consecuencia de una votación popular universal, directa y secreta.[77]

Con la declaración expresa del artículo 347 de la Constitución de 1999, en el mismo (siguiendo precisamente la experiencia de la Asamblea Constituyente de 1999), se eliminó toda posibilidad de que un órgano del Estado (órganos constituidos) pudiera "convocar" una Asamblea Nacional Constituyente (solo el pueblo puede hacerlo mediante referendo), y además, eliminó toda otra discusión sobre que la Asamblea Nacional Constituyente, una vez convocada mediante referendo y posteriormente, una vez electa, pudiese o no asumir el poder constituyente originario, que estando exclusivamente en manos del pueblo, nadie más puede asumirlo.[78]

Es decir, esa discusión ya no cabe conforme a la Constitución de 1999, cuyo texto eliminó toda posibilidad de que la Asamblea Nacional Constituyente pudiese ser convocada por algún órgano del Estado y que pudiese usurpar el poder constituyente originario que sólo lo tiene el pueblo.

Ahora, para que el pueblo pueda *convocar* una Asamblea Nacional Constituyente mediante la expresión de su voluntad que solo puede materializarse a través de un referendo, el artículo 348 de la Constitución asigna *la iniciativa* para que se inicie el proceso y pueda el pueblo pronunciarse sobre la convocatoria, *primero*, al Presidente de la República en Consejo de Ministros; *segundo*, a la Asamblea Nacional, mediante acuerdo de las dos

---

77 Véase sobre ello lo que hemos expuesto en Allan R. Brewer-Carías, *Reforma constitucional y fraude a la Constitución (1999-2009)*, Academia de Ciencias Políticas y Sociales, Caracas 2009, p. 64-66; y en *La Constitución de 1999 y la Enmienda constitucional No. 1 de 2009*, Editorial Jurídica Venezolana, Caracas 2011, pp. 299-300.

78 Véase el interesante trabajo de Eduardo Jorge Prats, "El poder constituyente de Sieyès a Maduro," 26 de mayo de 2017, en http://hoy.com.do/el-poder-constituyente-de-sieyes-a-maduro/.

terceras partes de sus integrantes; *tercero*, a los Concejos Municipales en cabildo, mediante el voto de las dos terceras partes de los mismos; o *cuarto*, el quince por ciento de los electores inscritos en el Registro Civil y Electoral. Estos tienen la iniciativa para proponer ante el Consejo Nacional Electoral para que el pueblo convoque la Constituyente mediante referendo; pero iniciativa no es convocatoria, es iniciativa para que se convoque por el pueblo

De manera que una vez que se tome esa iniciativa por cualquiera de los legitimados para ello, la propuesta que se formule ante el Consejo Nacional Electoral debe contener las "bases comiciales," es decir, la precisión de la misión y los poderes de la Asamblea Constituyente propuesta, así como su duración y la forma de integrarla y de elegir a los constituyente, que solo puede realizarse conforme lo previsto en la Constitución, es decir, mediante sufragio universal, directo y secreto, que está a la base de la expresión de la soberanía del pueblo.

No puede conformarse una Asamblea Constituyente, por tanto, como se anunció el 1 de mayo de 2017, con unos "constituyentes electos por la base de la clase obrera" ni por "líderes del pueblo en las comunidades," ni por "sectores gremiales" o regionales. Esa propuesta constituye un fraude a la Constitución y a la voluntad popular. Los miembros de una Asamblea Constituyente, una vez convocada la misma por el pueblo, solo pueden ser electos por votación popular, directa y secreta, siendo ello de la esencia de la Constitución.

Conforme a lo anterior, entonces, una vez formulada la iniciativa por cualquiera de los cuatro legitimados para ello (Presidente, Asamblea Nacional, Concejos Municipales, iniciativa popular) junto con las bases comiciales de la Constituyente, tal iniciativa debe ser consignada ante el Poder Electoral, para que el Consejo Nacional Electoral proceda en consecuencia a convocar un referendo, precisamente para que el pueblo pueda adoptar la decisión de convocar o no la Asamblea Nacional Constituyente; de manera que solo si el pueblo la aprueba mayoritariamente es que podría procederse a elegir los miembros de la Asamblea.

En otras palabras, una vez ejercida la iniciativa y luego de que el pueblo (todo el pueblo) se manifieste mediante referendo sobre la convocatoria y sobre el estatuto básico de la Asamblea Constituyente, si gana el SI, entonces debe procederse a la elección de los miembros de la Asamblea de acuerdo con el Estatuto que se apruebe popularmente.

En cuanto a la propuesta anunciada por el Presidente de la República, para que la misma llegue a materializarse, tendría que el pueblo aprobarla en referendo, y la mayoría de los venezolanos estamos seguros que conforme al resultado del referendo de la reforma constitucional de 2007, que rechazó todo lo que ahora se ha vuelto a proponer, el pueblo, si se lo deja votar libremente, rechazaría en forma mayoritaria y contundentemente la propuesta, por inconstitucional, antidemocrática y discriminatoria, por violar el principio democrático y vulnerar el principio de pluralismo político que impone garantizar el derecho de asociarse en partidos políticos y de que éstos puedan actuar como mecanismo de participación en la vida política, de manera que no haya exclusiones en el universo de los electores.

New York, 1 de mayo de 2017, 11.30 pm.

Tercera parte:
LAS REFORMAS DE LA CONSTITUCIÓN SON EL SIGNO MÁS CARACTERÍSTICO DE LA DEMOCRACIA PARTICIPATIVA QUE LOS GOBERNANTES NO LE PUEDEN ARREBATAR AL PUEBLO

El principal derecho ciudadano en cualquier Estado es el derecho a la Constitución, es decir, el derecho a que la Constitución sea suprema, o sea, a que no sea violada; el derecho a su imperatividad, es decir, a que sea cumplida por todos, gobernantes y gobernados; y el derecho a su rigidez, que significa el derecho a que sea reformada solo conforme a los mecanismos previstos en la Constitución.

En ese marco, uno de los signos más característico de la Constitución de 1999 es el haber establecido un régimen de *democracia representativa y participativa* (art. 5), lo que implica el derecho del pueblo (y por tanto, todos los ciudadanos), de *ejercer su soberanía en forma indirecta* mediante el sufragio para elegir sus representantes (art. 62); y en *forma directa, participando en la toma de decisiones expresando su voluntad*, por ejemplo, a través de *referendos* (art. 71). De eso se trata la democracia representativa y la democracia participativa regulada en la Constitución.

La consecuencia de ello es que el pueblo (todo el pueblo y no solo una fracción del mismo), como titular de la soberanía (art. 5) y depositario del poder constituyente originario (art. 347), *tiene derecho de participar indirectamente en el gobierno de la nación a través de representantes electos mediante sufragio universal, directo y secreto* (arts.63); y además, tiene el *derecho de participar directamente en la toma de decisiones fundamentales*, por ejemplo, a través de *consulta pública* en el proceso de formación de las leyes (art. 211), en los *comités de postulaciones* para la elección indirecta de altos funcionarios del Estado (arts. 270, 279, 295), y mediante *referendo* en cualquier caso de reforma constitucional (arts. 341.3, 344, 347).

La representatividad y la participación política son por tanto, conforme a la Constitución, derechos ciudadanos que no pueden ser eliminados ni arrebatados por los gobernantes, y menos cuando se trata de una reforma constitucional.

Y precisamente por estar montada la Constitución sobre el concepto de democracia participativa es que su propio texto garantiza el derecho del pueblo a participar directamente para que pueda efectuarse una reforma de la Constitución,[79] lo que se establece expresamente en los tres mecanismos de reforma constitucional que se establecen, según la importancia de la reforma propuesta, que son la enmienda constitucional, la reforma constitucional y la asamblea constituyente.

La única diferencia en cuanto a la participación directa del pueblo en estos tres casos, está solo en la oportunidad en que debe requerirse la manifestación de voluntad del pueblo mediante referendo.[80]

---

[79] Véase sobre lo expuesto en esta Parte, el documento: "El derecho del pueblo de participar en las reformas de la Constitución es el signo más característico de la democracia participativa que no puede ser arrebatado por los gobernantes," 3 de mayo de 2017, en http://allanbrewercarias.net/si-te/wp-content/uploads/2017/05/155.-doc.-Brewer.-REFERENDO-OBLIGATORIO-PREVIO-PARA-CONVOCAR-ANC-3-5-2017.pdf.

[80] Véase sobre ello lo que hemos expuesto en Allan R. Brewer-Carías, *Reforma constitucional y fraude a la Constitución (1999-2009)*, Academia de Ciencias Políticas y Sociales, Caracas 2009, p. 64-66; y en "La intervención del pueblo en la revisión constitucional en América latina," en *El derecho público a los 100 números de la Revista de Derecho Público 1980-2005*, Editorial Jurídica Venezolana, Caracas 2006, pp. 41-52.

En los casos de enmienda constitucional (art. 341.3) y de reforma constitucional (arts. 344), que solo proceden en casos de *modificaciones puntuales y no trascendentales* de la Constitución, su texto exige la participación del pueblo mediante un referendo aprobatorio de la enmienda o de la reforma, que debe realizarse con posterioridad la proposición o a la sanción de la enmienda o reforma según los casos.

En cambio, en el caso de la Asamblea Nacional Constituyente que tiene por objeto introducir *reformas que modifican la estructura y principios fundamentales de la Constitución*, la participación del pueblo también está asegurada mediante referendo pero en forma previa al inicio del proceso, reservándose al pueblo hacer la convocatoria de la asamblea nacional constituyente (art. 347) mediante "referendo de convocatoria." Por ese carácter previo del referendo decisorio para que el pueblo decida convocar la Asamblea Nacional Constituyente, si la convocatoria se aprueba, entonces y sólo entonces, se puede proceder a la elección de los integrantes de la misma, la cual puede aprobar la nueva Constitución sin que sea necesaria conforme al texto constitucional de una consulta popular posterior.

En todo caso, las bases comiciales sobre la asamblea constituyente que se sometan a referendo, tienen que garantizar el funcionamiento de la misma conforme a los valores, principios y garantías democráticas (art. 350), y entre ellas, el derecho a la democracia representativa de manera que los constituyentes se elijan exclusivamente mediante sufragio universal, directo y secreto (art. 63), quedando proscrita toda otra forma de representación grupal, sectorial, de clase, o territorial (regional, o local).

En cada uno de los mecanismos de reforma constitucional la Constitución regula con precisión quién tiene la iniciativa para iniciar el proceso, indicando algunos órganos del Estado o al pueblo directamente. En el caso específico de la Asamblea Nacional Constituyente, la iniciativa para iniciar el proceso se atribuye al Presidente en Consejo de Ministros, a la Asamblea Nacional con voto calificado, a los dos tercios de los Concejos Municipales, o a un quince por ciento de los electores (art. 348).

En todos estos cuatro supuestos, los respectivos legitimados lo único que tienen es *la iniciativa* para iniciar el proceso, formulando en ella la propuesta de las bases comiciales para el funcionamiento de la Asamblea, las cuales son las que deben someterse a referendo popular (referendo de convocatoria) para que sea el pueblo quien las fije. Si el pueblo las aprueba en el referendo, entonces es que puede procederse a elegir conforme a las mismas, a la Asamblea Constituyente.

En ningún caso por tanto, puede pretenderse pasarse a la elección de una Asamblea Nacional Constituyente con base a la sola propuesta formulada con la iniciativa, cualquiera que sea el legitimado a formularla, sin que el pueblo haya previamente aprobado mediante referendo la convocatoria de la Asamblea Nacional Constituyente.

El derecho del pueblo a participar directamente mediante referendo en los procesos de reforma constitucional,, como se dijo, es el signo más característico de la democracia participativa que se regula en la Constitución y el mismo no le puede ser arrebatado por los gobernantes en forma alguna.

New York, 3 de mayo de 2017, 10:00 am.

Cuarta parte:

NUEVO FRAUDE A LA CONSTITUCIÓN Y A LA VOLUNTAD POPULAR: EL INCONSTITUCIONAL DECRETO PARA CONVOCAR UNA ASAMBLEA CONSTITUYENTE SOLO PARA APROBAR LA REFORMA CONSTITUCIONAL RECHAZADA POR EL PUEBLO EN 2007

Con base en todo lo anterior, el decreto presidencial N° 2830 de 1 de mayo de 2017, cuyo texto solo se conoció oficialmente el 4 de mayo de 2017 (cuando circuló la *Gaceta Oficial* respectiva) convocando una Asamblea Nacional Constituyente constituye un fraude constitucional y un fraude a la voluntad popular.[81]

Mediante dicho Decreto dictado en violación directa a la Constitución que solo le atribuye al Presidente *la iniciativa* para que se convoque una Constituyente (art. 348, Constitución) pero *no para proceder directamente a su convocatoria* que solo le corresponde al pueblo como titular de la soberanía y depositario del poder constituyente originario (art. 348), el Presidente, en fraude a la misma, ha usurpado y le ha arrebatado al pueblo su derecho exclusivo de convocar mediante referendo la Asamblea Nacional Constituyente. Ésta no puede convocarse en Venezuela

---

[81] Véase sobre lo expuesto en esta parte, el documento: "Nuevo fraude a la Constitución y a la voluntad popular: inconstitucional Decreto para convocar una Asamblea Constituyente solo para aprobar la reforma constitucional rechazada por el pueblo en 2007," 4 de mayo de 2017, en http://allanbrewercarias.net/site/wpcontent/up-loads/2017/05/156.-Decreto-Constituyente.-Nuevo-fraude-a-la-Constituci%C3%B3n-y-a-la-voluntad-popular.-4-mayo-2017.pdf.

mediante decreto, marginando al pueblo, y es falso que el Presidente tenga "la iniciativa constitucional y exclusiva de convocar" una Asamblea Constituyente. Basta leer el artículo 348 de la Constitución para constatar que otros órganos del Estado y el propio pueblo tienen esa iniciativa.

2. El Decreto, además de ser un fraude a la Constitución, es un fraude a la voluntad popular tal como fue expresada mayoritariamente mediante referendo en diciembre de 2007 rechazando la reforma constitucional que ahora se quiere volver a aprobar pero sin la participación popular. Hugo Chávez, con dicha rechazada reforma constitucional, propuso eliminar el Estado democrático y Social de derecho y de Justicia y convertirlo en un "Estado Comunal" o "del Poder Popular,"[82] y ahora, sin la participación del pueblo, Maduro pretende implementar la reforma constitucional rechazada por el pueblo, con una convocatoria a una Asamblea Constituyente para hacer la misma reforma pero negándole al pueblo su derecho a ejercer la democracia directamente.

3. Es por tanto falso y contradictorio la oferta que hace el Decreto de convocar una Asamblea Constituyente como una supuesta "tribuna participativa y protagónica," negándole precisamente al pueblo su principal derecho a la participación política que es el ejercicio directo de su soberanía mediante la expresión de su voluntad a través de referendos, particularmente en materia de reforma constitucional (arts. 5, 72, 347 Constitución).

4. El Decreto por otra parte, indicó los "objetivos programáticos" que se pretenden asignar a la Asamblea Nacional Constituyente, enumerando sucintamente los siguientes: (1) la paz; (2)

---

82 Véase lo expuesto en Allan R. Brewer-Carías, *Hacia la consolidación de un Estado socialista, centralizado, policial y militarista*. Comentarios sobre el sentido y alcance de las propuestas de reforma constitucional 2007, Colección Textos Legislativos, Nº 42, Editorial Jurídica Venezolana, Caracas 2007; *La reforma constitucional de 2007 (Comentarios al proyecto inconstitucionalmente sancionado por la Asamblea Nacional el 2 de noviembre de 2007)*, Colección Textos Legislativos, Nº 43, Editorial Jurídica Venezolana, Caracas 2007.

la economía; (3), los subsidios-Misiones; (4) las competencias judiciales; (5) el Poder Popular; (6) la defensa de la soberanía; (7) la pluriculturalidad; (8) la juventud, y (9) la ecología.

Para lograr esos objetivos, salvo uno, por supuesto que no se requiere acabar con la Constitución de 1999, ni con de reforma constitucional alguna, pues para su implementación lo único que se requiere es una adecuada política de Estado que el régimen se niega a adoptar e implementar, y para lo cual no se necesita de Asamblea Nacional Constituyente alguna, siendo la sola convocatoria de ésta un tremendo fraude político.

Es decir, además de ser *un fraude a la Constitución y a la voluntad popular,* el Decreto dictado *es completamente inútil y engañoso* pues los objetivos que en él se prometen, se insiste, no son de los que se puedan lograr con una Asamblea Constituyente, ni con la eliminación de la Constitución de 1999 ni, por tanto, con aprobar una nueva Constitución. Todos, excepto uno, solo se pueden lograr a través de las adecuadas políticas de Estado que solo puede adoptar el gobierno y los poderes públicos.

5. El único de los "objetivos programáticos" enunciados en el Decreto, que en cambio *sí requiere de una Asamblea Constituyente* por ser una reforma que *modifica la estructura y los principios fundamentales de la Constitución de 1999,* es el expresado en el "objetivo programático" 5 del Decreto, como la:

> "5. Constitucionalización de las nuevas formas de la democracia participativa y protagónica, a partir del reconocimiento de los nuevos sujetos del Poder Popular, tales como las Comunas y Consejos Comunales, Consejos de Trabajadores, entre otras formas de organización de base territorial y social de la población."

Este "objetivo programático" *no es más que la reedición de la rechazada reforma constitucional formulada por H. Chávez en 2007,* y que fue abrumadora y mayoritariamente rechazada por el pueblo en el referendo de diciembre de 2007, mediante el cual el pueblo manifestó su voluntad de no aprobarla. [83]

Ahora, el Sr Maduro pretende, en fraude a esa voluntad popular, violando la Constitución y quitándole al pueblo su derecho a participar políticamente mediante referendo en cualquier reforma constitucional, pretende imponerle al pueblo con su sola voluntad, un sistema de Estado que el pueblo rechazó, y que falsamente califica como supuestamente de "democracia participativa y protagónica".

Es decir, negándole al pueblo su derecho a participar directamente en democracia mediante referendo, pretende engañar y proponer una forma y esquema de Estado que tiene de todo menos de "democracia participativa y protagónica," como se evidenció de la propuesta de reforma constitucional de 2007, que fue rechazada popularmente, y de su inconstitucional implementación mediante leyes, que lo que han establecido es un sistema centralizado de instancias populistas totalmente controlado en su funcionamiento por un ministerio del Ejecutivo nacional.

6. El Decreto, además de fijar los "objetivos programáticos" antes indicados, definió algunos elementos conforme a los cuales el Presidente pretende que *se conforme* la Asamblea Nacional Constituyente inconstitucionalmente convocada, al indicar que su:

> "conformación obedezca a la estructura geopolítica del Estado Federal y Descentralizado, con base en la unidad política primaria de la organización territorial que nuestra Carta Magna consagra."

---

[83] Véase lo expuesto en Allan R. Brewer-Carías, *Hacia la consolidación de un Estado socialista, centralizado, policial y militarista.* Comentarios sobre el sentido y alcance de las propuestas de reforma constitucional 2007, Colección Textos Legislativos, N° 42, Editorial Jurídica Venezolana, Caracas 2007; *La reforma constitucional de 2007 (Comentarios al proyecto inconstitucionalmente sancionado por la Asamblea Nacional el 2 de noviembre de 2007),* Colección Textos Legislativos, N° 43, Editorial Jurídica Venezolana, Caracas 2007.

Esta fraseología, por supuesto, además de ininteligible, es engañosa y contradictoria con lo que ha sido la política de Estado desde que se sancionó la Constitución de 1999.[84]

El "Estado Federal y descentralizado" que define la Constitución de 1999 (art. 4), lo sabe Maduro, nunca se desarrolló en el país en los últimos lustros, y más bien se lo aplastó totalmente con la política centralista del gobierno que ha venido progresivamente ahogando y vaciando de competencias a los Estados y Municipios. Es al menos una insolente e inadmisible ironía que el gobierno ahora pretenda apelar a la inexistente forma de Estado Federal y descentralizada del Estado, que el propio gobierno ha desmantelado y desconstitucionalizado, para conformar la inconstitucional Asamblea.

Por otra parte, la "unidad política primaria de la organización territorial" que también se menciona en el decreto para "conformar" la Asamblea, conforme a la Constitución (art. 168) no es otra que el Municipio, el cual precisamente es el que más ha sufrido los embates de las Leyes del Poder Popular de 2010, con las cuales lo que se buscó fue desmunicipalizar progresivamente el país, ahogando a los Municipios, sustituyéndolos por los Consejos Comunales.[85]

Es por tanto una contradicción, y un engaño risible que se proponga conformar una Asamblea Constituyente conforme a una forma de Estado (Federación y descentralización) que no sólo el régimen ha aplastado, sino que precisamente se pretende

---

84 Véase lo expuesto en Allan R. Brewer-Carías, *Federalismo y municipalismo en la Constitución de 1999 (Alcance de una reforma insuficiente y regresiva)*, Cuadernos de la Cátedra Allan R. Brewer-Carías de Derecho Público, N° 7, Universidad Católica del Táchira, Editorial Jurídica Venezolana, Caracas-San Cristóbal 2001

85 Véase lo expuesto en Allan R. Brewer-Carías, "La destrucción de la institución municipal en Venezuela, en nombre de una supuesta "participación protagónica del pueblo", en *XXX Congreso Iberoamericano de Municipios "El Buen Gobierno Local*, Ayuntamiento de Guadalajara, Organización de Cooperación Intermunicipal, Federación Española de Municipios y Provincias, Madrid septiembre 2015, pp. 76-102.

eliminar totalmente con la propia Asamblea Constituyente que se propone, al tener como su único objetivo programático que la podría justificar, el instaurar el Estado del Poder Popular que implica precisamente la eliminación de los Estados y Municipios.

7. Por último, el Decreto, al referirse a la elección de los integrantes de la Asamblea Nacional (art. 2) incurrió en una inconstitucionalidad y en una insalvable contradicción al indicar que:

> "serán elegidos en los ámbitos sectoriales y territoriales […] mediante voto universal, directo y secreto."

Vale la pena recordarle a los "constitucionalistas" que le redactaron el Decreto a quien ejerce la presidencia, que una "elección universal" conforme a la Constitución (art. 63), es aquella en la cual *votan todos los ciudadanos* que son los electores, sin discriminación ni exclusión de cualquier tipo Por tanto, en Venezuela, para la integración de los órganos del Estado solo puede hacerse mediante elección universal, donde todos los ciudadanos tienen derecho de participar y votar. Por tanto, una elección que se haga en "ámbitos sectoriales," precisamente por tratarse de sectores, es la antítesis de la universalidad; y solo se establece en la Constitución para la elección de los diputados a la Asamblea Nacional en representación de las comunidades indígenas.

Una "elección sectorial" puede admitirse fuera del ámbito de los órganos del Estado, por ejemplo, para un partido político, un club social, un sindicato, un colegio profesional o una cámara de comercio, donde solo los miembros de esas organizaciones son electores; pero no para una Asamblea Nacional Constituyente que debe representar la universalidad del pueblo quien es el único el depositario de la soberanía y del poder constituyente originario.

New York, 4 de mayo de 2017

Quinta parte:

DE NUEVO SOBRE LA INCONSTITUCIONALIDAD DEL DECRETO Nº 2.830 DEL 1 DE MAYO DE 2017, POR MEDIO DEL CUAL SE CONVOCÓ LA ASAMBLEA NACIONAL CONSTITUYENTE

El Decreto Nº 2.830 de 1 de mayo de 2017 mediante el cual, en violación directa de la Constitución, el Presidente de la República, usurpando el poder constituyente originario que solo el pueblo puede ejercer, convocó una Asamblea Nacional Constituyente, puede considerarse inconstitucional en su integridad,[86] estando su texto, además, afectado de falsedad, de insolencia y de ironía, siendo a la vez un decreto inútil y engañoso, de carácter fraudulento, que contiene una burla a los ciudadanos, además de una usurpación, y de ser discriminatorio y contradictorio.

Esos ocho vicios de fondo y forma que afectan el Decreto son los que voy a analizar brevemente a continuación, tal como se me ha solicitado.

---

[86] Véanse sobre lo expuesto en esta parte el texto de la Video-conferencia dictada en la *Jornada sobre la Asamblea Nacional Constituyente: Génesis y perspectivas*, Academia de Ciencias Políticas y Sociales, Caracas 13 de junio de 2017, en http://allanbrewerca-rias.net/site/wp-content/uploads/2017/06/1191.-conf.-Brewer.-Inconstitucionalidad-Decreto-2.830-de-1-5-2017-sobre-convocatoria-Constituyente-1.pdf

1. *Un decreto con base constitucional falsa: dictado en ejercicio de atribuciones inexistentes*

En primer lugar, el Decreto está afectado de inconstitucionalidad por pretender basarse en una falsedad, cuando el Presidente afirma que lo dicta "en uso de la facultad que le confiere el artículo 348 de la Constitución."

Este solo enunciado es falso, pues dicho artículo no le confiere al Presidente atribución alguna para poder convocar ninguna Asamblea Constituyente. Dicha norma, como deriva de su propio texto, solo regula la legitimación necesaria atribuida a determinados órganos o a una fracción de electores, para tener la iniciativa de iniciar un proceso constituyente, que solo el pueblo puede convocar.

Para tales efectos, es evidente que el pueblo no puede espontáneamente iniciar un proceso constituyente. Para que se manifieste, que solo puede hacerlo en este caso mediante referendo (referendo de convocatoria), tiene que iniciarse previamente el proceso, atribuyéndose la iniciativa para ello al Presidente de la República en Consejo de Ministros, a la Asamblea Nacional mediante un voto calificado, a un número calificado de Concejos Municipales o a un 15 % de electores a nivel nacional. Por tanto, también en falsa la afirmación del Presidente en el decreto al indicar que supuestamente tendría la iniciativa "exclusiva" para iniciar el proceso constituyente, ya que hay esos otros legitimados.

Pero es evidente que iniciativa para iniciar el proceso constituyente no significa poder de convocatoria de la Asamblea Constituyente que solo le corresponde al pueblo. Por tanto, el Presidente no es tal para "invocar el Poder Constituyente Originario" como lo afirma en el decreto, que solo el pueblo puede invocar.

El artículo 347 de la Constitución, en efecto, es absolutamente diáfano en indicar que el pueblo como único depositario del poder constituyente originario, es el que puede convocar una Asamblea Nacional Constituyente, lo que implica que ningún órgano constituido del Estado ni alguna fracción de electores, pueden convocarla. Solo el pueblo, y como se dijo la única forma que tiene de manifestar su voluntad en este caso, es mediante "referendo de convocatoria," como se lo denominó en las discusiones en la materia de la Asamblea Nacional Constituyente en 1999. Por ello, la convocatoria que ha hecho el Presidente de la República de una Asamblea Nacional Constituyente en el decreto N° 2830 es absolutamente inconstitucional, y rompe el principio de la necesaria participación del pueblo en toda reforma constitucional.

Sostener, tal como se deriva del texto del Decreto, avalado en forma incomprensible por la Sala Constitucional del Tribunal Supremo al resolver un recurso de interpretación de las dos normas citadas, en la penosa sentencia N° 378 de 31 de mayo de 2017, que para convocar una Asamblea Nacional Constituyente no es necesario que el pueblo se pronuncie mediante referendo,[87] es aceptar el absurdo de que para cambiar una "coma" en un artículo constitucional mediante una enmienda constitucional, se requiere de un referendo aprobatorio, y que para reformar el texto de un artículo fundamental de la Constitución mediante "reforma constitucional" también se requiere de un referendo; pero según el Presidente de la República con el aval infame del Tribunal Supremo, para cambiar TODA la Constitución, reformar el Estado y crear un nuevo ordenamiento jurídico no hay necesidad de que el pueblo se pronuncie.

Mayor absurdo inconstitucional es imposible.

2. *Un decreto de contenido insolente: supuestamente dictado con la bendición de Dios*

Pero además de estar basado en una falsedad, el Decreto 2830 es en sí mismo una tremenda insolencia.

En su texto, en efecto, el Presidente de la República le informa a todos los ciudadanos, y al mundo entero, que ha dictado el decreto "con la bendición de Dios Todopoderoso." No se trata de que al dictarlo ha invocado a Dios o haya rogado porque lo bendiga a él y a todos los venezolanos; no, lo que afirma en el texto

---

87 Véanse los comentarios a dicha sentencia en la *Novena parte* de este libro.

del decreto es que lo dicta ya "con la bendición de Dios," ¡¡como si la misma ya se la hubiese dado y él la hubiese recibido, lo que en su propio lenguaje significa que ya sería un ser bendito !!

Tamaña insolencia requiere de una explicación. El Presidente tendría que informarle a los mortales, dada su supuesta cercanía con Dios, al menos, cómo, cuándo, dónde, y en qué forma tuvo acceso a Él, y cómo fue que logró entrevistarse con Él. Lo menos que requeriríamos los ciudadanos es que nos explicara tal situación, para que no quede su afirmación como la insólita insolencia que es.

3. *Un decreto de contenido irónico: para garantizar la paz cuando el logro es impedir a los venezolanos vivir en paz*

El decreto, por otra parte, además a partir de una falsedad y contener una imperdonable insolencia, está basado en una ironía absolutamente inaceptable, y es que en el mismo se afirma que la finalidad de la inconstitucional convocatoria de la fraudulenta Constituyente es para "garantizar la paz" en el país.

Es una nueva manifestación abusiva de utilizar la "paz" para justificar violencia, lo que queda demostrado con el solo hecho de que precisamente desde que el decreto se anunció el 1º de mayo de 2017, el país entero se ha alzado en rechazo de la Constituyente inconstitucionalmente convocada, habiéndose materialmente incendiado políticamente la nación, todo lo cual incluso ha provocado fisuras y disidencias en el propio régimen, todo lo cual lamentablemente nos aleja de la paz que todos queremos.

Desde que se dictó el decreto, parecería que al contrario, la orden ejecutiva que se dictó es para asegurar que nadie más pueda ya vivir en paz, trastocándose todo, al punto de que ahora hasta las hordas o bandas de malhechores armados y protegidos por el gobierno, y que están a su servicio para reprimir, ni siquiera ya se las llaman "colectivos," sino "grupos de paz y el amor."

Mayor y más amarga ironía ya es simplemente imposible de digerir.

4. *Un decreto de contenido parcialmente engañoso: inutilidad de una Asamblea Constituyente para la mayoría de los objetivos propuestos*

El Decreto No. 2830, además de partir de una falsedad, de la insolencia de su contenido y de la ironía que lo afecta, es básicamente un texto inútil y engañoso al identificarse los objetivos programáticos que supuestamente justificaron su emisión.

Es decir, para lograr la casi totalidad de los objetivos programáticos que se enumeran no es necesario convocar ninguna Asamblea Nacional Constituyente, ni reformar la totalidad de la Constitución, ni reformar el Estado ni crear un nuevo orden jurídico. Es decir, para afianzar la paz, perfeccionar el sistema económico, continuar con el sistema de "misiones" y subsidios sociales, ampliar competencias judiciales, defender la soberanía, promover la pluriculturalidad, asegurar los derechos de la juventud y preservar la vida, no se requiere dictar una nueva Constitución. Para lograr todo ello lo único que es necesario es aplicar y ejecutar la Constitución actual mediante políticas de Estado que deben definirse y para cambiar la política destructiva en los órdenes político, económico y social que han caracterizado hasta el presente la gestión del gobierno.

Es un engaño intolerable que se le indique al país, que dichos objeticos programáticos no se han podido lograr por culpa de la Constitución y que por ello es que hay que cambiarla toda. Nada más falso. Lo que ha hecho falta en el país, al contrario, es la ejecución efectiva de la Constitución, lo cual deliberadamente el régimen no ha hecho hasta la fecha.

5. *Un decreto de contenido fraudulento al querer eliminar el Estado Constitucional y sustituirlo por un Estado Comunal ya rechazado por el pueblo en 2007*

En realidad, de los objetivos programáticos enumerados en el decreto para supuestamente justificar la necesidad de reformar al Estado, crear un nuevo ordenamiento jurídico y dictar una nueva Constitución mediante una Asamblea Nacional Constituyente, solo uno encajaría en ello, y es la propuesta de eliminar en forma definitiva el Estado Constitucional (el Estado democrático y social de derecho y de justicia, federal y descentralizado definido en la Constitución), y sustituirlo por un Estado Comunal o Estado del Poder Popular, el cual rechazado en el referendo de la reforma Constitucional de 2007,[88] se ha inconstitucionalmente se ha venido implementando mediante leyes orgánicas del Poder Popular dictadas en 2010. [89]

Para ello en el decreto se enuncia como objetico programático de la convocatoria de la Asamblea Constituyente, el "constitucionalizar" fraudulentamente dicho Estado del Poder Popular o Estado Comunal, pues se pretende hacerlo sin que haya ninguna expresión de parte del pueblo mediante referendo, y además, ignorando que ya el pueblo se pronunció en el referendo de rechazo de la reforma constitucional propuesta por el Presidente Chávez en 2007.

Es decir, en el lenguaje ambiguo del Decreto, se pretende eliminar de manera fraudulenta el Estado democrático de derecho que regula la Constitución, pero sin consultar al pueblo mediante el referendo de convocatoria que el decreto niega violando la Constitución; y además, en fraude a la voluntad popular que ya rechazó la misma propuesta en el referendo en 2007, sobre la

---

[88] Véase lo expuesto en Allan R. Brewer-Carías, *Hacia la consolidación de un Estado socialista, centralizado, policial y militarista*. Comentarios sobre el sentido y alcance de las propuestas de reforma constitucional 2007, Colección Textos Legislativos, Nº 42, Editorial Jurídica Venezolana, Caracas 2007; *La reforma constitucional de 2007 (Comentarios al proyecto inconstitucionalmente sancionado por la Asamblea Nacional el 2 de noviembre de 2007)*, Colección Textos Legislativos, Nº 43, Editorial Jurídica Venezolana, Caracas 2007.

[89] Véase los comentarios en el libro colectivo: Allan R. Brewer Carías, Coordinador y editor, Claudia Nikken, Luis A. Herrera Orellana, Jesús María Alvarado Andrade, José Ignacio Hernández y Adriana Vigilanza, *Leyes Orgánicas sobre el Poder Popular y el Estado Comunal (Los consejos comunales, las comunas, la sociedad socialista y el sistema económico comunal)* Colección Textos Legislativos Nº 50, Editorial Jurídica Venezolana, Caracas 2011.

reforma constitucional que con el mismo propósito, propuso el Presidente Chávez.

6. *Un decreto dictado como una burla a la forma federal del Estado*

Por otra parte, el decreto dictado por el Presidente de la República convocando inconstitucionalmente una Asamblea Nacional Constituyente, además de tener una base falsa, contener una insolencia, una ironía, un engaño y ser a la vez inútil y fraudulento, constituye además una burla macabra respecto de la forma federal del Estado que regula la Constitución.

En efecto, siendo el propósito esencial de la convocatoria de una Asamblea Constituyente la eliminación del Estado democrático de derecho y de justicia, federal y descentralizado enumerado en la Constitución, y sustituirlo por un Estado del Poder Popular o Estado Comunal en el cual quedarían eliminadas las entidades políticas territoriales autónomas del Estado federal y descentralizado como los Estados y Municipios; no es sino una macabra burla pretender basarse, como dice el decreto, "en la estructura geopolítica del Estado federal descentralizado" que por lo demás ha sido ahogado por el centralismo exacerbado que se ha desarrollado en los últimos lustros, para conformar una Asamblea Constituyente cuyo objetivo es precisamente destruir definitivamente dicho Estado federal descentralizado.

7. *Un decreto que encubre la usurpación del poder constituyente originario*

El Decreto No. 2830, por otra parte, promueve y oculta una usurpación inadmisible del poder constituyente originario que conforme a la Constitución solo el pueblo es depositario, y con base en ello es que se puede convocar una Asamblea Nacional Constituyente.

En este caso, el Presidente ha usurpado dicho poder constituyente originario del pueblo, y se ha sustituido inconstitucionalmente al mismo, habiendo pretendido convocar directamente a una Asamblea Nacional Constituyente, calificándola en el decreto como "Originaria."

De acuerdo con la Constitución, se insiste, solo el pueblo es el titular del poder constituyente originario, el cual no es transferible a ningún órgano y mucho menos a un órgano cuya conformación no es producto de la voluntad popular. Por ello, la Asamblea Constituyente convocada en el Decreto nunca podría tener tal carácter "originario" que solo el pueblo tiene; y que solo el pueblo puede determinar cómo se ejerce en caso de que mediante referendo convoque a la Asamblea Constituyente.

8. *Un decreto contradictorio con contenido discriminatorio*

Por último, el Decreto No. 2830, a establecer con carácter general la forma de elección de los constituyentes, disponiendo contradictoriamente que será en "ámbitos sectoriales y territoriales," pero "mediante voto universal, directo y secreto," tratando de engañar a los venezolanos, confundiendo deliberadamente votación con representación.

Conforme a la Constitución, y de acuerdo con la forma federal del Estado, la votación de representantes siempre es y en todo caso es mediante sufragio universal, directo y secreto; y la representación que pueden tener es de carácter nacional, estadal, municipal o parroquial, según los niveles de los órganos representativos: nacional (Asamblea Nacional), estadal (Consejos Legislativos de los Estados), municipal (Concejos Municipales) y parroquial (Juntas parroquiales).

Con base en este sistema constitucional en general en Venezuela no puede haber elecciones "sectoriales," salvo para la elección de los representantes de los pueblos indígenas. Esta es la única elección sectorial establecida en forma expresa y excepcional en los artículos 125 y 186 de la Constitución. Fuera de este caso, no existe ni puede establecerse en las instituciones públicas una elección de representantes "sectoriales" para integrar órganos representativos.

Solo en el sector privado o no estatal pueden haber elecciones sectoriales, y es lo que sucede por ejemplo, en las elecciones de la directiva de las Academias, de los Colegios profesionales, de los sindicatos o incluso de un club social, en las cuales solo participan, respectivamente, los académicos, los profesionales, los trabajadores o los miembros del Club.

En cuanto a la representación "territorial" la misma es la que se da y sólo puede darse en los cuerpos representativos de las entidades políticas, de manera que los diputados electos para la Asamblea Nacional son electos y representan a la totalidad de la población en todo el territorio; los diputados a los Consejos Legislativos de los Estados son electos y representan a la población del territorio de cada Estado; los concejales a los Concejos municipales son electos y representan a la población de cada municipio y lo mismo sucede con los miembros de las Juntas parroquiales (a pesar de que fueron inconstitucionalmente eliminadas en 2010) que deberían ser electos y representarían a la población de cada parroquia.

La única excepción que había respecto de estos principios de representación territorial a nivel nacional, de representantes que representaban no a la totalidad del pueblo de la nación, sino a los habitantes de cada Estado, era en la integración del Senado, hasta 1999 cuando fue eliminada.

En consecuencia, conforme a la Constitución no puede establecerse para la elección de representantes en un órgano nacional como es una Asamblea Nacional Constituyente, una 'representación territorial que no sea la representación del pueblo en todo el territorio nacional. El principio incluso está en el artículo 201 de la Constitución cuando precisa (que a pesar de que los diputados a la Asamblea Nacional se puedan elegir por circunscripciones electorales) que los diputados "representan a los Estados y al pueblo es su conjunto" y no representan los circuitos territoriales en los cuales se eligieron.

Es inconstitucional, por tanto, pretender establecer la integración de un órgano representativo nacional como es una Asamblea Nacional Constituyente, mediante una representación territorial.

Todas las inconstitucionalidades antes mencionadas, han sido confirmadas y desarrolladas en las llamadas "bases comiciales" definidas en forma contradictoria por el Presidente de la República en el Decreto N° 2978 de 23 de mayo de 2017, precisamente para no someterlas a "comicios" o votación alguna, en las cuales se regularon las modalidades de la representación sectorial y territorial. En cuanto a la representación "sectorial," la misma se basó en la definición arbitraria de "sectores" a la usanza de los que podía haber en una sociedad como la rusa al comienzo de la revolución, donde se quería pasar el poder a los obreros, dándosele por ejemplo, relevancia a los pescadores artesanales, y campesinos, e ignorando a las academias, la universidad o a los colegios profesionales.

Y en cuanto a la representación territorial, se estableció una absurda forma de elección de un representante por cada uno de los municipios del país, conduciendo a que un municipio de más de un millón de habitantes como los de Caracas, Valencia o Maracaibo tengan igual número de representantes que los municipios de solo unos centenares de habitantes del Estado Amazonas.

Dichas bases comiciales, además, están afectadas de inconstitucionalidad global, al haber excluido de la posibilidad de formar parte de la Asamblea Nacional Constituyente, a los venezolanos por nacimiento con otra nacionalidad o a los venezolanos por naturalización, reservando tal posición solo a los venezolanos por nacimiento que no tengan otra nacionalidad.[90]

---

[90] Véase sobre la igualdad entre venezolanos por nacimiento y naturalización en Allan R. Brewer-Carías, *Régimen legal de la nacionalidad, ciudadanía y extranjería. Ley de Nacionalidad y Ciudadanía, Ley de Extranjería y Migración, Ley Orgánica sobre Refugiados y Asilados*, Colección Texto Legislativos N° 31, 1ª edición, Editorial Jurídica Venezolana, Caracas 2005.

Esta previsión viola el principio esencial de igualdad entre todos los venezolanos, sin discriminación alguna, que está a la base de la Constitución, donde por lo demás se establece enumerativamente la excepción, es decir, los casos en los cuales para ocupar una función pública se requiere ser venezolano por nacimiento sin otra nacionalidad (art. 41).

Lo anterior muestra, en resumen, los vicios de inconstitucionalidad del Decreto Nº 2830 de 1º de mayo de 2017, los cuales sin embargo no hay esperanza alguna de que un Juez Constitucional pueda llegar a controlar, cuando está totalmente sometido al Poder Ejecutivo, como el que existe en el país.

Gracias de nuevo por haberme invitado a participar en esta Jornada y poder compartir con ustedes mis ideas sobre este fraudulento proceso constituyente que se está desarrollando en el país, contra la inmensa mayoría de los venezolanos.

New York, 13 de junio de 2017

Sexta parte:

RESPUESTA A *ELÍAS JAUA* SOBRE LA INCONSTITUCIONAL CONVOCATORIA DE LA ASAMBLEA NACIONAL CONSTITUYENTE EN MAYO DE 2017

Elías Jaua Milano, ex constituyente de 1999, y designado por Nicolás Maduro como Presidente de la Comisión Presidencial para la convocatoria de la Asamblea Nacional Constituyente que hizo violando abiertamente el artículo 347 de la Constitución, ha preparado un artículo publicado en el portal oficial del gobierno con el título "**Constituyente**,"[91] en el cual mediante unas preguntas y respuestas que se ha formulado, pretende dar una explicación y justificación de la inconstitucional propuesta.[92]

A continuación expongo mi respuesta a los interrogantes que se formuló el Sr. Jaua, que son diametralmente distintas a las que él mismo se contestó, y que incluyo en forma intercalada en el texto del propio Jaua (*que va en cursiva*), para mejor comprensión del asunto.

---

91 Véase en *http://rnv.gob.ve/opinion/constituyente/*.
92 Véase sobre e expuesto en esta Parte, el documento: "Respuesta a Elías Jaua sobre la inconstitucional convocatoria de la Asamblea Constituyente," 14 de mayo de 2017, en http://allanbrewercarias.net/site/wp-content/uploads/2017/05/158.-doc.-Brewer.-Respuesta-a-Elias-Jaua-sobre-la-Constituyente-15-5-2017.pdf.

"Constituyente." Por: Elías Jaua Milano[93]

E.J: Ante la decisión de una parte de la oposición venezolana de abandonar el espacio de la política democrática, escogiendo el camino de la violencia y de la intervención extranjera, el Presidente Nicolás Maduro tomó la iniciativa constitucional de convocar a una nueva etapa Asamblearia del proceso constituyente convocado por nuestro Comandante Chávez, desde 1999, como la opción que posibilita una vía electoral en todos los órdenes y que resuelve el problema de la injustificable negación de la oposición a dialogar con el gobierno legítimo y legal de la República.

Es falaz tratar de justificar la convocatoria de una Asamblea Constituyente basándose en premisas falsas como que la oposición supuestamente haya "abandonado la política democrática," y haya "escogido la violencia y la intervención extranjera." Esta mentira, ciertamente, no se la cree Maduro ni Jaua ni nadie; siendo lo único cierto en este proceso, que casi el 90% de la población rechaza la propuesta constituyente.[94]

También en falaz alegar que convocar una Asamblea nacional Constituyente sea la vía para posibilitar una opción electoral y proceder a un diálogo de la oposición con el gobierno, cuando ha sido el Gobierno el que ha cerrado las vías electorales (referendo revocatorio, elecciones regionales), y toda posibilidad de diálogo.

Por lo demás, una Asamblea Constituyente no puede convocare para esos supuestos fines. Solo se puede convocar, como lo indica la Constitución para transformar el Estado, crear un nuevo ordenamiento jurídico y sancionar una nueva Constitución.

E.J.: El objetivo es lograr un nuevo desencadenante histórico, como el ocurrido en 1998, cuando elegimos a nuestro Comandante Chávez, que le permita a nuestro pueblo seguir el

---

93 Véase en *http://rnv.gob.ve/opinion/constituyente/*.
94 Véase Encuestadora *Meganálisis*, en http://ntn24america.com/video/analisis-sobre-situacion-en-venezuela-141461.

rumbo pacífico de las trasformaciones profundas que necesita nuestra sociedad, dejando de lado las amenazas de golpe de Estado, guerra civil o intervención extranjera.

El Presidente tomó la iniciativa constitucional de convocar a una nueva etapa Asamblearia.

La sola convocatoria del Presidente Maduro ha ocupado la agenda política nacional, aislando cada día más a los violentos. En el fragor del debate han surgido las primeras interrogantes, que intentaré responder en este artículo:

Efectivamente, la inconstitucional "convocatoria" ha ocupado la agenda política pues se trata de un acto absolutamente inconstitucional. El Presidente de la República conforme a la Constitución NO PUEDE CONVOCAR UNA ASAMBLEA NACIONAL CONSTITUYENTE. Solo tiene la iniciativa para que el pueblo pueda proceder a convocarla mediante referendo.

E.J.:*1. ¿Qué es el Poder Constituyente?*

E.J.: El primer pensador que le da cuerpo teórico a la noción de poder constituyente, es el francés Emmanuel Sieyes, quien en 1788, en el marco de la pre revolución francesa postula que la Nación, entendida como voluntad común, es depositaria de un poder originario a partir del cual se constituyen los poderes del Estado, por eso lo llama Poder Constituyente.

Para entender qué es el poder constituyente, basta hacer referencia al artículo 347 de la Constitución, en el cual se establece que el poder constituyente es el poder del pueblo de darse su propia Constitución; es decir, el poder constituyente es el que tiene el pueblo, y solo el pueblo como globalidad, para organizar la sociedad y el Estado, para cuyo efecto, como titular de la soberanía popular y del poder constituyente originario, es quien puede adoptar la Constitución del mismo.

E.J.: *2. ¿Qué es la Asamblea Nacional Constituyente?*

E.J.: Es el espacio jurídico donde los representantes elegidos por el poder constituyente se encuentran para acordar la convivencia social y la normativa jurídica que la rige, la Constitución.

Efectivamente, el poder constituyente originario, que tiene el pueblo, es el que elige a la Asamblea Nacional Constituyente, en la cual una vez electos los representantes de todo el pueblo, los mismos tienen el encargo de adoptar una Constitución.

E.J.: *3. ¿Existe la figura en la Constitución de la República Bolivariana de Venezuela?*

E.J.: Nuestra Constitución Bolivariana, resultante de proceso constituyente liderizado por el Comandante Hugo Chávez, reconoce en su artículo 347, que existe un poder originario.

Esta respuesta de Jaua es ambigua y está mal expresada.

Bastaba con responder como lo dice la Constitución que en la misma sí existe la figura de la Asamblea Nacional Constituyente, la cual el pueblo, y solo el pueblo, como poder constituyente originario, puede convocar y elegir.

Pero en ningún caso una Asamblea Nacional Constituyente es en sí misma "poder originario" alguno. El único que tiene poder constituyente originario es el pueblo para convocar y elegir una Asamblea Nacional Constituyente; pero en ningún caso la Asamblea misma.

E.J.: *4. ¿Cuáles son sus funciones?*

E.J.: Transformar el Estado, crear un nuevo ordenamiento jurídico y redactar una nueva Constitución.

Eso es precisamente lo que dice la Constitución; lo que sin duda es una tarea trascendental, de la mayor importancia en materia de reforma constitucional.

Por ello, para la convocatoria de una Asamblea Nacional Constituyente, la propia Constitución la reservó al pueblo que es el único depositario del poder constituyente originario.

E.J.: *5. ¿Por qué se convoca en este momento?*

E.J.: Para promover un gran dialogo nacional, que frene la escalada de violencia promovida por parte de la dirigencia opositora, preserve la Independencia y la paz de la República y deje sentadas las bases constitucionales de un modelo social donde podamos vivir todos y todas con reconocimiento mutuo, igualdad, justicia, paz y dignidad.

Nada de lo indicado en la respuesta de Jaua amerita que se convoque una Asamblea Nacional Constituyente, cuyo único objetico conforme a la Constitución es transformar al Estado, crear un nuevo ordenamiento jurídico y sancionar una nueva Constitución. Para preservar la paz y poder vivir todos juntos con reconocimiento mutuo e igualdad, justicia y dignidad, no hay que transformar al Estado, crear un nuevo ordenamiento jurídico y sancionar una nueva Constitución. Lo que hay que hacer es aplicar y respetar la Constitución, que es lo que el gobierno se ha negada a hacer.

Nada de lo indicado por Jaua en su respuesta se puede solucionar con la elección de una Asamblea Nacional Constituyente. Lo que el gobierno tiene que hacer es aplicar y respetar la Constitución de 1999.

Nada de lo indicado por Jaua exige que haya que transformar el Estado, ni crear un nuevo ordenamiento jurídico, ni adoptar una nueva Constitución. Basta con cumplir y ejecutar la Constitución de 1999 para lograrlo

Es decir, todo lo anunciado por Jaua como fundamento para convocar una Asamblea nacional Constituyente se puede lograr con la formulación e implementación de adecuadas políticas de Estado por parte del gobierno sin necesidad de trasformar el Estado, crear un nuevo ordenamiento jurídico y derogar la Constitución de 1999 y sustituirla por otra.

Pero lo que sin embargo sí hay que destacar en la respuesta de Jaua, es que deliberadamente NO MENCIONA LA VERDADERA INTENCIÓN de la propuesta de convocar una Asamblea

Nacional Constituyente que tal como se anunció en el decreto de Maduro, pero que Jaua quiere ignorar, es crear un "Estado Comunal" o del "Poder Popular," que elimine el sufragio universal y la democracia representativa en el país, y sustituya el Estado democrático de derecho, por un Estado totalitario con fachada "participativa." Eso fue lo que Chávez propuso en la reforma constitucional de 2007, que fue rechazada mayoritariamente por el pueblo.

En consecuencia, rechazada como fue dicha propuesta por la voluntad popular expresada mediante referendo en 2007 es un fraude a dicha voluntad popular además de fraude a la Constitución, pretender tratar de imponerla por la inconstitucional vía de convocar una Asamblea nacional Constituyente sin que el pueblo la convoque mediante referendo.

E.J.: La sola convocatoria del Presidente Maduro ha ocupado la agenda política nacional, aislando a los violentos.

En efecto, la propuesta ha ocupado la agenda política, pero para provocar una verdadera rebelión popular de rechazo a la misma, la cual frente a las protestas y manifestaciones populares, ha generado violencia inusitada de parte de los cuerpos armados del gobierno, que han asesinado a mansalva a manifestantes, reprimiendo con maldad y alevosía al pueblo inerme; y todo para tratar de implementar el mismo proyecto totalitario de Estado (Estado Comunal o el Poder Popular) contenido en la propuesta de reforma constitucional de Hugo Chávez en 2007, totalmente contrario a la democracia representativa y al Estado de derecho, y, que fue rechazado mayoritariamente por el pueblo en el referendo diciembre de 2007.

E.J.: *6. ¿Puede el Presidente de la República convocar a la Asamblea Nacional Constituyente?

E.J.: El artículo 348, de nuestra Constitución de 1999, establece que el Presidente de la República, la Asamblea Nacional; los Cabildos Municipales o los ciudadanos y ciudadanas pueden tomar iniciativa de convocarla. En este caso el Presidente Nicolás Maduro ha tomado la iniciativa.

La respuesta de Jaua en este punto, por supuesto es ambigua y pretende engañar.

Bastaba para responder en decir que NO, que el Presidente NO PUEDE CONVOCAR LA ASAMBLEA NACIONAL CONSTITUYENTE, sino que conforme a la norma citada, lo único que puede es tomar la iniciativa para que el pueblo pueda convocar la Asamblea.

No es necesario ser abogado para entender lo que dice la Constitución, que es que el pueblo es el que puede convocar una Asamblea Nacional Constituyente, y que la iniciativa para que pueda darse esa convocatoria la tienen varias instancias, entre ellas, el Presidente en Consejo de Ministros. Pero es evidente que "iniciativa" para convocar no puede confundirse con la convocatoria misma.

Conforme a la Constitución (art. 347), el único que puede convocar a la Asamblea Nacional Constituyente como titular del poder constituyente originario es el pueblo, y el pueblo solo puede expresarse mediante votación, en este caso, mediante de un referendo.

Los legitimados en la norma para tener la iniciativa para que el pueblo pueda convocar dicha Asamblea (el 15% de los electores, las 2/3 partes de los concejos municipales, la mayoría calificada de la Asamblea Nacional y el Presidente en Consejo de Ministros) lo único que tienen es la iniciativa para proponerle al pueblo para que convoque mediante referendo a una Asamblea Nacional Constituyente.

Ninguno de los que tienen dicha iniciativa para que el pueblo convoque la Asamblea Nacional Constituyente puede sustituir al pueblo, y usurpar la voluntad popular. Por tanto, el 15% de los electores no puede sustituir al pueblo en su globalidad; ni las 2/3 partes de los concejos municipales; ni la mayoría calificada de la

Asamblea Nacional pueden sustituir al pueblo, y menos aún puede sustituir al pueblo una sola persona como es el Presidente de la República.

Por ello la convocatoria hecha mediante Decreto por el Presidente es un fraude a la Constitución y a la propia voluntad popular.

E.J.: *7. ¿Cómo se elige a sus miembros?*

> *E.J.: Por voto universal, secreto y directo.*

Y efectivamente, no hay ningún otro método de sufragio en la Constitución para poder elegir a representantes del pueblo ante instituciones u órganos del Estado que no sea mediante voto universal directo y secreto.

E.J.: *8. ¿Por qué el Presidente Maduro propone que haya dos ámbitos de elección, territorial y sectorial?*

> *E.J.: Dado que nuestra Constitución Bolivariana de 1999 reconoce el carácter multiétnico y pluricultural de nuestra sociedad y establece el papel participativo y protagónico que deben tener los sectores sociales, en el ejercicio de la democracia, se considera pertinente la elección por sectores, además de la elección territorial.*

El carácter multiétnico y pluricultural de la sociedad venezolana no puede en forma alguna utilizarse como fundamento para romper el principio constitucional fundamental de la democracia representativa que está en la base del Estado democrático y social de derecho, que es el sufragio universal para la elección de representantes del pueblo en las instituciones y órganos públicas.

Ese principio implica que para conformar cualquier institución del Estado con representantes del pueblo, la votación para ello tiene que ser obligatoriamente de carácter universal en relación con todos los electores. La única excepción a este principio fundamental que existe en la Constitución es la que se refiere expresamente a la representación indígena en la Asamblea Nacional de tres diputados (arts. 125, 186). Esa es la única posibilidad de que en una institución pública se produzca una "elección sectorial." No hay ninguna otra excepción en la Constitución.

En consecuencia, en Venezuela de acuerdo con la Constitución no puede en haber en forma alguna ninguna otra "elección por sectores" además de la elección territorial."

> *E.J.: Es por ello que el Presidente ha planteado que los principales sectores sociales deben escoger sus constituyentes de manera específica y también en el ámbito territorial. Todos y todas vamos a votar.*
>
> *E.J.: Los principales sectores sociales deben escoger sus constituyentes.*

Por todo lo antes dicho, no es posible conforme a la Constitución de 1999, pretender conformar una Asamblea Nacional Constituyente, que es una institución del Estado donde quien debe estar representado es el pueblo en general, que es quien la puede convocar, mediante representantes electos en sectores. Solo puede conformarse mediante votación universal de todos los electores del país.

En los diversos sectores de la sociedad, que no son parte del Estado ni son instituciones públicas, solo se pueden escoger sectorialmente los representantes de los mismos para conformar sus propios órganos directivos. En un sindicato se eligen los representantes por los sindicalistas afiliados; en un colegio profesional se eligen los representantes de la corporación por el voto de los profesionales afiliados.

Pero para integrar una institución pública, como es una Asamblea Nacional Constituyente, la elección necesariamente tiene que ser universal de todos los electores, y nunca puede hacerse mediante voto "sectorial." Incluso, ni siquiera en la elección de una Asamblea Nacional Constituyente podría haber un voto sectorial para representantes indígenas, pues la Constitución solo contempla esta excepción al voto universal para elegir tres diputados a la Asamblea Nacional.

En consecuencia, los constituyentes como representantes del pueblo en una Asamblea Nacional constituyente que es una institución del Estado, no pueden ser electos sino mediante por voto universal, directo y secreto de todos los electores, y nunca por "votos sectoriales."

E.J.: *9. ¿Bajo qué criterio se escogen los sectores?*

E.J.: Considerando que existan registros institucionales, históricos, confiables y verificables que garanticen el principio de universalidad del respectivo sector.

La universalidad del voto conforme a la Constitución, para elegir representantes del pueblo implica asegurar el voto a todos los electores del país, y no solo a algunos de ellos "por sectores."

Por ello, en ningún caso puede confundirse la universalidad del voto para integrar representantes del pueblo en instituciones públicas como la Asamblea Nacional Constituyente, con la "universalidad" para el voto con el objeto de integrar directivas de organismos sectoriales que son de carácter privado, incluso con participación del Consejo Nacional Electoral (art. 293.6, Constitución). En éstos. por ejemplo, para designar a los representantes de los trabajadores en las directivas de los sindicatos debe asegurarse que todos los sindicalistas puedan votar, pero esa "universalidad" del voto en un sector, no puede confundirse con la elección de representantes del pueblo en órganos públicos donde la universalidad tienen que ser necesariamente, siempre, representativa de todo pueblo mediante el voto de todos los electores.

E.J.: *10. ¿Cómo se postulan los candidatos?*

E.J.: En los 2 ámbitos se hará por iniciativa propia, con el aval de un número de firmas ciudadanas, que fijara el Poder Electoral.

No habiendo posibilidad de elegir constituyentes en los dos ámbitos que se han planteado en forma inconstitucional en la propuesta oficial de convocar una Asamblea Nacional Constituyente, la única forma posible para la postulación de los candidatos que se puede adoptar es la postulación en el respectivo ámbito territorial, sea en la circunscripción nacional o en las regionales. Pero lo que no puede es haber postulaciones "por sectores."

Por otra parte, limitar la postulación de candidatos a que solo se pueda hacer "por iniciativa propia" significa excluir inconstitucionalmente a los partidos políticos y a los grupos de electores los cuales tienen derecho conforme a la Constitución, de participar en la conducción de la vida política del país y de postular candidatos (art. 68), siendo ello además garantía del pluralismo político que también garantiza expresamente la Constitución (arts. 2 y 5).

Por tanto, como solo puede haber un solo ámbito para la elección de los representantes del pueblo en una Asamblea Nacional Constituyente, que es el territorial, sea en la circunscripción nacional o/y en las circunscripciones estadales o municipales, y en cada caso, mediante la votación universal de todos los electores inscritos en la respectiva circunscripción, la postulación puede hacerse por iniciativa propia pero también por las asociaciones políticas y grupos de electores.

E.J.: *11. ¿La dualidad del voto es discriminatoria?*

E.J.: No, porque priva el principio de que cada persona tiene tantos votos como cargos haya para elegir en su circuito. Tal como ocurre en los circuitos plurinominales y en los circuitos indígenas.

Al contrario, la dualidad de voto ("sectorial" y "territorial") en Venezuela es discriminatoria, pues para elegir representantes de pueblo en una institución del Estado sea en circunscripciones nacional o regional como es una Asamblea Nacional Constituyente, que es lo único admisible, el principio es que los electores solo tienen un voto en cada ámbito territorial, de manera que cada elector tiene un solo voto en cada ámbito territorial. No puede haber un elector con varios votos, excepto si se trata por ejemplo, de un voto para elegir un constituyente en la circunscripción nacional, y otro en la circunscripción regional.

E.J.: *12. ¿Pueden seguir funcionando los poderes públicos constituidos una vez entre en funcionamiento la Asamblea Nacional Constituyente?*

E.J.: Pueden, pero en forma alguna podrá oponerse a las decisiones de la Asamblea Nacional Constituyente, tal como lo expresa el artículo 249 de nuestra Constitución de 1999.

Eso es lo que dice la Constitución.

E.J.: *13. ¿La Asamblea Nacional Constituyente redacta una nueva Constitución?*

E.J.: Sí, profundizando y ampliando las bases doctrinarias de Independencia, Soberanía, Democracia Participativa y Protagónica, pluriculturalidad, economía mixta e igualdad social consagradas en nuestra Constitución Bolivariana.

Una de las misiones de la Asamblea Nacional Constituyente es ciertamente la de redactar una nueva Constitución.

Sin embargo, para lograr lo indicado en la respuesta de Jaua no se necesita para nada redactar una nueva Constitución. Lo que se necesita es la definición e implementación de una política de Estado adecuada para ello, y asegurar el cumplimiento de la Constitución de 1999, en la cual todos esos elementos mencionados están consagrados expresamente.

E.J.: Vamos a Constituyente por la paz y el futuro de nuestra juventud.

Para asegurar la paz y el futuro de la juventud venezolana, que es lo indica Jaua, y que es precisamente lo que está reclamando el pueblo, especialmente los jóvenes, al ejercer su derecho a manifestar pues no encuentran futuro bajo este régimen, no se necesita convocar Asamblea Constituyente alguna. Lo que se necesita es un buen gobierno que implemente las necesarias políticas para asegurarle a nuestros jóvenes su futuro en libertad y democracia.

E.J.: *14. ¿Qué se debatirá en la Asamblea Nacional Constituyente?*

E.J.: La Asamblea Nacional Constituyente fijara su agenda de discusión en base a las prioridades nacionales. Sin embargo el Presidente como convocante, ha propuesto 9 líneas programáticas para el debate constituyente: La paz como necesidad, derecho y anhelo de la Nación; El perfeccionamiento del sistema económico nacional hacia la Venezuela Potencia; Constitucionalizar la Misiones y Grandes Misiones Socialistas; La ampliación de las competencias del Sistema de Justicia, para erradicar la impunidad de los delitos; Constitucionalización de la nuevas formas de la Democracia Participativa y Protagónica; La defensa de la Soberanía y la Integridad de la Nación y protección contra el intervencionismo extranjero; Reivindicación del carácter pluricultural de la Patria; La garantía del futuro, nuestra juventud, mediante la inclusión de un capitulo constitucional para consagrar los derechos de la juventud y la preservación de la vida en el planeta.

En la más pura tradición bolivariana de convocar a la soberanía popular para despejar el horizonte de la Patria, vamos a Constituyente por la paz y el futuro de nuestra juventud. Que Dios y el pueblo nos acompañen.

Conforme a la Constitución, solo el pueblo puede convocar una Asamblea Constituyente y solo el pueblo, mediante votación universal aprobando la convocatoria y las bases comiciales sobre la conformación y misión de la Asamblea Nacional Constituyente, es el que puede fijarle la agenda a la asamblea Nacional Constituyente. Nadie más puede hacerlo, y lo contrario sería una usurpación de la voluntad popular.

Por tanto, constituye una usurpación a la voluntad popular pretender que una sola persona, sin la participación del pueblo, no solo "convoque" a una Asamblea Nacional Constituyente, sino que pretenda determinar, sin dicha participación del pueblo, cómo se van a elegir sus integrantes y cuál puede ser la agenda de la misma. Ello es absolutamente inconstitucional.

En Venezuela, conforme a la Constitución, solo el pueblo puede decidir, mediante referendo convocando la Asamblea Constituyente y aprobando unas determinadas bases comiciales, cómo se ha de componer la Asamblea, cómo se eligen los constituyentes y cuál es la agenda de la Constituyente. Es el pueblo el que debe aprobar y determinar todo eso, y ello no puede quedar a la sola voluntad de quienes tienen la iniciativa para que el pueblo la convoque.

New York, 14 de mayo de 2017

Séptima parte:
LA ASAMBLEA NACIONAL CONSTITUYENTE DE 1999 AL DISCUTIR EL PROYECTO DE CONSTITUCIÓN DE 1999, APROBÓ QUE SOLO EL PUEBLO MEDIANTE "REFERENDO DE CONVOCATORIA" PUEDE CONVOCAR UNA ASAMBLEA NACIONAL CONSTITUYENTE: ANÁLISIS DEL DIARIO DE DEBATES

El Decreto N° 2830 de 1 de mayo de 2017 dictado por quien ejerce la Presidencia, Nicolás Maduro, pretendió convocar una Asamblea Nacional Constituyente y en esa forma, pretendiendo sustituir al pueblo y usurpar su soberanía, contradice lo que el mismo Maduro y sus asesores, entre ellos Hermann Escarrá y Elías Jaua, como constituyentes, aprobaron en noviembre de 1999 cuando se discutió el articulado de la Constitución de 1999 sobre la reforma de la Constitución, y ratificaron *junto con todos los constituyentes*, que el pueblo es el único que puede convocar una Asamblea Constituyente mediante un "referendo de convocatoria,"[95] no pudiendo realizar dicha convocatoria ni el Presidente de la República ni ningún otro órgano de los poderes constituidos.

---

95 Véase sobre lo expuesto en esta Parte, el documento: "La Asamblea Nacional Constituyente de 1999 aprobó que solo el pueblo mediante "referendo de convocatoria" puede convocar una Asamblea Constituyente: análisis del *Diario de Debates*," 17 de mayo de 2017, en http://allanbrewercarias.net/site/wp-content/uploads/2017/05/159.-doc.-Brewer.-ANC-y-referendo-de-convocatoria.-17-5-2017.pdf .

Todo ello consta del *Diario de Debates de la Asamblea Nacional Constituyente* de 1999, donde se recogen las discusiones y debates efectuados los días 9 y 14 de noviembre de 1999, cuando se efectuaron las dos discusiones del anteproyecto en relación con la reforma de la Constitución.

1. Texto del anteproyecto sobre la Asamblea Nacional Constituyente sometido a discusión en la Asamblea de 1999

La Asamblea Nacional Constituyente, en efecto, en su sesión del 9 de noviembre de 1999, efectuó la primera discusión del articulado del anteproyecto de Constitución, referido a la figura de la *Asamblea Nacional Constituyente* como mecanismo para la reforma de la Constitución, que contenía los siguientes cuatro artículos:

"*Artículo 390*. El **pueblo, como constituyente originario, puede convocar** una Asamblea Constituyente con el objeto de crear un nuevo ordenamiento jurídico y redactar una Constitución democrática."

"*Artículo 391*. La **iniciativa de convocatoria** a la Asamblea Constituyente la podrá ejercer el Presidente de la República en Consejo de Ministros, la Asamblea Nacional por acuerdo aprobado por las dos terceras partes de los miembros de cada Cámara o por un número no menor del diez por ciento de los electores en el Registro Electoral Nacional."

"*Artículo 392*. Se considerará **aprobada la convocatoria a la Asamblea Constituyente si en el referendo llamado al efecto** el número de votos afirmativos es superior al número de votos negativos. Si el resultado del referendo fuese negativo, no podrá presentarse una nueva iniciativa de convocatoria a la Asamblea Constituyente en el mismo período constitucional."

"*Artículo 393*. Las **bases para elegir la Asamblea Constituyente serán incluidas en el referendo de convocatoria**. En ellas se establecerán como límites de los actos de la Asamblea los valores y principios de nuestra historia republicana, así como el cumplimiento de los tratados, acuerdos y compromisos válidamente suscritos por la República que se refieran al respeto por los derechos humanos y las garantías democráticas."

2. La intención de los proyectistas sobre la necesidad de un referendo de convocatoria de la Asamblea Nacional Constituyente

De la lectura de las cuatro normas del anteproyecto de Constitución que fueron las sometidas a discusión en la Asamblea, es más que palmaria **la intención de los proyectistas de prever que una Asamblea Constituyente convocada por el pueblo como titular del poder constituyente originario, solo podía ser convocada por el pueblo mismo mediante "referendo de convocatoria"** con el cual además, el pueblo debía aprobar las bases para elegir y conformar la Asamblea Constituyente.

Y además, prever para ello, que la iniciativa para que se pudiese realizar dicho "referendo de convocatoria" le correspondía al Presidente de la República, a un voto calificado de la representación en el órgano legislativo o a la propia iniciativa popular de un 10% de electores, sin que en ningún caso se pudiese confundir la iniciativa para que se realice un referendo de convocatoria, y la convocatoria misma mediante dicho referendo.

Los dos primeros artículos antes transcritos, a propuesta de la Comisión encargada de redactar esas normas fueron modificados en la primera discusión, formulada por el constituyente Guillermo García Ponce, quien propuso la siguiente redacción para los mismos, la cual fue *aprobada* por la plenaria de la Asamblea Constituyente [equivalentes a los **artículos 347 y 348 de la Constitución de 1999**]:

> *"Artículo: --- El pueblo de Venezuela es el depositario del poder constituyente originario, y en el ejercicio de dicho poder puede convocar una Asamblea Constituyente con el objeto de transformar al Estado, crear un nuevo ordenamiento jurídico, y redactar una Constitución."*

> *"Artículo:--- La iniciativa de convocatoria a la Asamblea Constituyente puede hacerla el Presidente de la República en Consejo de Ministros, la Asamblea Nacional mediante el acuerdo de las dos terceras partes de sus miembros, los conce-*

jos municipales en cabildo mediante el voto de las dos terceras partes de los mismos, y el 15% de los electores inscritos en el Registro Electoral."

Luego de aprobadas estas dos normas, el constituyente Manuel Quijada pasó a proponer "un nuevo artículo que [según dijo] cabría aquí o sustitutivo del anterior," con la siguiente redacción [parcialmente equivalente a la primera de las normas antes mencionadas y al **artículo 347 de la Constitución de 1999**]:

Artículo:--- : "El pueblo venezolano, como constituyente primario u originario puede, cuando así lo desee y en cualquier momento, convocar a una Asamblea Nacional Constituyente para que redacte una nueva Constitución distinta a la vigente, sin estar sujeta a las normas del ordenamiento jurídico ni de la Constitución preexistente. Los Poderes Constituidos quedan sometidos a la jurisdicción de la Asamblea Nacional Constituyente."

Sobre esta propuesta, que como se dijo era la misma del anteproyecto en cuanto a prever que la convocatoria de una Asamblea Nacional Constituyente solo corresponde al pueblo, el Presidente de la Asamblea Luis Miquelena sin embargo, para tener sin duda mayor precisión, le pidió al constituyente Manuel Quijada que "aclarara" lo leído, formulándole las siguientes preguntas, todas en relación *a cómo es que el pueblo puede convocar la Asamblea Nacional Constituyente*; preguntas que por supuesto eran válidas en relación con la primera de las normas transcritas sobre el tema que habían sido aprobadas anteriormente. Las preguntas que formuló el Presidente de la Asamblea fueron las siguientes:

"¿Puede el pueblo convocar? ¿A través de qué mecanismo puede hacerlo? Pues allí se dice que el 15% por ciento de los electores tiene que hacer una representación ante el Congreso o ante el Presidente de la República para que pueda procederse a la convocatoria. ¿Cómo se haría esa convocatoria?

La respuesta del constituyente Manuel Quijada fue clara y enfática, pues no podía ser otra:

"CONSTITUYENTE QUIJADA (MANUEL).-Ciudadano Presidente. **Sería mediante un referendo**. Lo que soluciona este artículo es la discusión de si el pueblo tiene Poder Constituyente o no lo tiene, si puede convocar a una Asamblea Constituyente o no cuando bien lo desee.

EL PRESIDENTE.-¿Pero cómo la convoca el pueblo?

CONSTITUYENTE QUIJADA (MANUEL).-**Por medio de un referendo**."

Aun cuando la propuesta específica del constituyente Quijada fue en definitiva negada, la **breve discusión que se desarrolló fue definitiva para que los constituyentes entendieran el sentido de la norma sobre la Asamblea Nacional Constituyente, que se aprobó sin objeciones, en cuanto a que su convocatoria sólo puede realizarse mediante un "referendo de convocatoria," a cuyo efecto la iniciativa para que se pueda realizar se asignó a varios legitimados; siendo por tanto, totalmente distintas la convocatoria por el pueblo mediante referendo, de la iniciativa que puedan tener varias personas e instituciones para que el mismo se realice.**

Ello incluso estaba así expresamente establecido en el tercero de los artículos del ante proyecto antes mencionados (*Artículo 392*), en el cual se hacía referencia a que "se considerará aprobada la convocatoria a la Asamblea Constituyente **si en el referendo al efecto el número de votos afirmativos era superior al número de votos negativos llamado**."

3. *La admisión expresa por los constituyentistas de que la convocatoria de la Asamblea Nacional Constituyente solo la puede hacer el pueblo mediante referendo*

Sobre la norma del anteproyecto que había originado la discusión anterior, y que fue acogida por la Comisión presidida por el constituyente Guillermo García Ponce, el constituyente Elías Jaua sin embargo, expresó que por su contenido (al disponer que si el resultado del referendo era negativo, no podía presentarse una nueva iniciativa de convocatoria a la Asamblea Constituyente en el mismo período constitucional), ello podía significar una limitación al poder del pueblo de ejercer su poder constituyente originario y decidir convocar de nuevo una Asamblea Constituyente. El constituyente Jaua por ello consideró que una vez expresado:

> "el reconocimiento de la voluntad de un pueblo de convocar a esa Asamblea, y la manera cómo puede convocarla –que es importante para que tenga una referencia– no hay más nada que normar en una Constitución referente a la Asamblea Constituyente."

Estuvo por tanto de acuerdo con lo debatido sobre que el pueblo es el único que puede convocar la Asamblea Constituyente, siendo "la manera cómo puede convocarla" un referendo de convocatoria como quedó claro en el debate.

Todo ello, a pesar de que en el debate el constituyente Luis Vallenilla hubiese advertido sobre la redacción de las normas, que el artículo 389 [**equivalente al 347 de la Constitución de 1999**], al establecer que "el pueblo de Venezuela es el depositario del poder constituyente originario," sin embargo en el mismo, expresamente:

> "no se establece la manera cómo el pueblo de Venezuela, que es la fuente primaria fundamental de la creación, transformación institucional y jurídica a través de la Asamblea Nacional Constituyente, sencillamente no se establece la fórmula, sólo se establece que es el pueblo.

En cambio, en relación con la iniciativa para que el pueblo pueda convocar a la Asamblea Constituyente que se regula en el artículo siguiente, el constituyente Vallenilla consideró que el artículo 391 [**equivalente al artículos 348 de la Constitución de 1999**] era "muy específico:"

> "cuando dice: "La iniciativa de convocatoria a la Asamblea Constituyente la podrá ejercer el Presidente de la República..." Allí sí es específico el artículo, en cambio con la fuente fundamental, que es el pueblo, no hay especificidad."

Sin embargo, a pesar de que no hubiese habido especificidad en la norma, de las preguntas que formuló el Presidente de la Asamblea Constituyente Luis Miquelena y de las respuestas dadas por el constituyente Manuel Quijada, para todos los constituyentes incluyendo a quien suscribe esta nota, quedó claro el sentido de las normas aprobadas, en cuanto a que *una cosa era la convocatoria* por parte del pueblo de la Asamblea Nacional Constituyente que solo la puede hacer el pueblo mediante **"referendo de convocatoria;"** y *otra cosa era la iniciativa* para que se realice **el referendo de convocatoria**, que le correspondía al Presidente de la República, a la mayoría calificada de los diputados a la Asamblea Nacional, a las 2/3 de los cabildos municipales o a un 15% de electores.

En cuanto a esa necesidad de convocar la Asamblea Constituyente por parte del pueblo mediante referendo, ello se confirmó además en la otra de las normas del anteproyecto del Capítulo sobre la Asamblea Nacional Constituyente (artículo 393) antes copiado, en el cual se estableció que las **"bases comiciales" para la configuración de la Asamblea debían ser sometidas al pueblo en el referendo mediante el cual el pueblo debía convocar la Constituyente**, para que fuera el pueblo el que las aprobara. Con ello se formuló además la precisión de que en dichas bases comiciales se debían establecer:

> "como límites de los actos de la Asamblea los valores y principios de nuestra historia republicana, así como el cumplimiento de los tratados, acuerdos y compromisos válidamente suscritos por la República que se refieran al respeto por los derechos humanos y las garantías democráticas."

4. *Otras discusiones sobre las normas relativas a la Asamblea Nacional Constituyente*

Por otra parte, siempre de acuerdo con el *Diario de Debates*, la primera discusión de las normas terminó con la propuesta formulada por el constituyente Guillermo García Ponce, respecto de la redacción para el artículo 391, con el siguiente texto:

"*Artículo* --- La Constitución que redacte la Asamblea Constituyente será sometida a referendo dentro de treinta (30) días siguientes a su aprobación. La Constitución quedará definitivamente aprobada si el número de votos afirmativos es superior al número de votos negativos. Si la Constitución sometida a referendo fuera rechazada, todos los actos dictados por la Asamblea Constituyente quedarán anulados salvo aquellos que sean estrictamente indispensables para garantizar la continuidad del Estado de Derecho. Asimismo, no podrá convocarse una nueva Asamblea Constituyente en el mismo período constitucional."

Con esta propuesta que si bien fue aprobada en primera discusión no llegó a ser considerada en la segunda discusión, sin embargo, lo que también quedó claro fue que la intención de los constituyentistas en relación con la regulación sobre la Asamblea Nacional Constituyente no solo fue que la convocatoria de la Asamblea por parte del pueblo se hiciese siempre mediante referendo; sino que una vez sancionada la Constitución, la misma debía a su vez ser sometida a referendo aprobatorio.

Además, sobre la norma del anteproyecto equivalente al **artículo 350 de la Constitución de 1999**, de nuevo, el constituyente Guillermo García Ponce, presidente de la Comisión respectiva propuso es su lugar la siguiente redacción proveniente de la Comisión:

Artículo 393. El pueblo de Venezuela, fiel a su tradición republicana, su lucha por la independencia, la paz y la libertad, desconocerá cualquier régimen, legislación o autoridad que contraríe los valores, principios y garantías democráticas o menoscabe los derechos humanos. Una vez aprobada la nueva Constitución en referendo, el Presidente de la República estará obligado a promulgarla dentro de los dos días siguientes a su sanción. Los Poderes Constituidos no podrán objetar en forma alguna las decisiones de la Asamblea Constituyente. A los efectos de la promulgación de la nueva Constitución, cuando el Presidente no la promulgare o los Poderes Constituidos la obstaculizaran, el Presidente o Vicepresidente de la Asamblea Nacional procederán a su promulgación, sin perjuicio de las responsabilidades en que los Poderes Constituidos ocurran en su omisión o actuación. En este caso, el acto de promulgación podrá publicarse en la Gaceta Oficial de la República de Venezuela o en la Gaceta de la Asamblea Constituyente, según fuera el caso."

La segunda parte de esta norma fue objetada por el constituyente Francisco Visconti, por considerar que los valores y límites en ella establecidos no podían condicionar "la voluntad que un colectivo pueda tener dentro de 40, 50 o 100 años" considerando que "nosotros no podemos obligarlo a respetar aquellas cosas que nosotros estamos señalando en estos momentos como supuestos valores de esta sociedad, que va a ser una sociedad muy diferente a la que se esté discutiendo en 50 o 100 años en el futuro," razón por la cual solicitó que no fuera aprobado.

Sobre la misma segunda parte de la norma propuesta por el constituyente García Ponce, además, el constituyente Elías Jaua también la cuestionó pero solamente en cuanto a pretender someter la promulgación de la Constitución a los poderes constituidos, considerando que la promulgación debía corresponder a la propia Asamblea, por considerar que "no podemos someter la voluntad originaria de un pueblo a los poderes constituidos que en ese momento o en cualquier momento existan."

Después de esta discusión, concluyó la primera discusión del articulado, con la decisión de que se pasaran los textos a la Comisión específica que debía revisar los artículos aprobados, para someterlos a la segunda discusión.

5. *El articulado aprobado en la segunda discusión*

En todo caso, el proyecto de articulado antes mencionado sobre el tema de la Asamblea Nacional Constituyente fue sometido a la segunda discusión de la Asamblea la cual se realizó el día 14 de noviembre de 1999, aprobándose a la carrera tanto estas normas como el resto de las normas de la Constitución.

Sobre esta sesión, desarrollada muy informalmente, y en esta materia de la Asamblea Nacional Constituyente, el *Diario de*

Debates solo dio cuenta de que el constituyente Hermánn Escarrá, coordinador de la Comisión encargada de la redacción de los artículos del Título IX "De la reforma constitucional," expresó que "en realidad, en este tema creo que hay consenso," haciendo referencia a las propuestas formuladas por los constituyentes Visconti y Jaua durante la sesión de la primera discusión, pasándole la "coordinación de esta fase relativa a este título" al constituyente García Ponce quién también había hecho una propuesta en la primera discusión. Éste pasó entonces a resumir cómo quedarían redactadas las normas sobre el tema de la Asamblea Nacional Constituyente así:

"La propuesta del general Visconti era suprimir aquellos artículos que condicionaban o modificaban a la Asamblea Nacional Constituyente. De tal manera que el capítulo referente a la Constituyente queda reducido a tres artículos. El artículo 347 [equivale al **artículo 347 en la Constitución de 1999**], ahora, que dice: *"El pueblo de Venezuela es el depositario del Poder Constituyente originario. En ejercicio de dicho poder puede convocar una Asamblea Nacional Constituyente con el objeto de transformar el Estado, crear un nuevo ordenamiento jurídico y redactar una Constitución."*

Y el artículo 349 [equivale al **artículo 350 en la Constitución de 1999**] *"El pueblo de Venezuela, fiel a su tradición republicana, su lucha por la independencia, la paz y la libertad, desconocerá cualquier régimen, legislación o autoridad que contraríe los valores, principios y garantías democráticas o menoscabe los derechos humanos.*

Y, luego, la propuesta del constituyente Elías Jaua Milano. Proponía una nueva redacción del artículo 354 [equivale al **artículo 349 en la Constitución de 1999**] y también fue acogido por la Comisión, que dice: *"El Presidente de la República no podrá objetar la nueva Constitución. Los poderes constituidos no podrán, en forma alguna, impedir las decisiones de la Asamblea Nacional Constituyente. A efectos de la promulgación de la nueva Constitución, ésta se publicará en la Gaceta Oficial de la República de Venezuela o en la Gaceta de la Asamblea Constituyente".* Es todo, Presidente.

En cuanto a la norma equivalente al **artículo 348 de la Constitución de 1999** *("La iniciativa de convocatoria a la Asamblea Nacional Constituyente podrán tomarla el Presidente o Presidenta de la República en Consejo de Ministros; la Asamblea Nacional, mediante acuerdo de las dos terceras partes de sus integrantes; los Concejos Municipales en cabildo, mediante el voto de las dos terceras partes de los mismos; o el quince por ciento de los electores inscritos y electoras inscritas en el Registro Civil y Electoral."),* la misma que había sido aprobado en primera discusión, quedando con la misma redacción.

De estas discusiones resultaron entonces los cuatro artículos que conforman el Capítulo III (*De la Asamblea Nacional Constituyente*) del Título IX de la Constitución, con el siguiente texto:

Artículo 347. El pueblo de Venezuela es el depositario del poder constituyente originario. En ejercicio de dicho poder, puede convocar una Asamblea Nacional Constituyente con el objeto de transformar el Estado, crear un nuevo ordenamiento jurídico y redactar una nueva Constitución.

Artículo 348. La iniciativa de convocatoria a la Asamblea Nacional Constituyente podrán tomarla el Presidente o Presidenta de la República en Consejo de Ministros; la Asamblea Nacional, mediante acuerdo de las dos terceras partes de sus integrantes; los Concejos Municipales en cabildo, mediante el voto de las dos terceras partes de los mismos; o el quince por ciento de los electores inscritos y electoras inscritas en el Registro Civil y Electoral.

Artículo 349. El Presidente o Presidenta de la República no podrá objetar la nueva Constitución.

Los poderes constituidos no podrán en forma alguna impedir las decisiones de la Asamblea Nacional Constituyente.

Una vez promulgada la nueva Constitución, ésta se publicará en la *Gaceta Oficial* de la República Bolivariana de Venezuela o en la Gaceta de la Asamblea Nacional Constituyente.

Artículo 350. El pueblo de Venezuela, fiel a su tradición republicana, a su lucha por la independencia, la paz y la libertad, desconocerá cualquier régimen, legislación o autoridad que contraríe los valores, principios y garantías democráticos o menoscabe los derechos humanos.

Y ese fue todo el resultado del debate en la Asamblea Constituyente de 1999 en torno a dichos artículos 347 a 350 de la Constitución que tratan de la Asamblea Nacional Constituyente, respecto de los cuales puede decirse que hubo *consenso de todos los constituyentes pues no hubo voto salvado alguno* (incluidos el propio presidente Nicolás Maduro quien fue constituyente, y todos los otros ex constituyentes miembros de la Comisión Constitucional que designó para implementar la inconstitucional convocatoria: Elías Jaua Milano, Isaías Rodríguez, Hermann Escarrá, Aristóbulo Istúriz, Reinaldo Muñoz, Francisco Ameliach, Nohelí Pocaterra e Iris Varela), *de que solo el pueblo mediante "referendo de convocatoria" puede convocar la Asamblea Nacional Constituyente, siendo esa convocatoria por el pueblo mediante referendo, algo distinto a tener la iniciativa para que se inicie el proceso constituyente como la que entre otros puede tener el Presidente de la República, pero para que se realice el "referendo de convocatoria."*

New York, 17 de mayo de 2017

Octava parte:

LA ESQUIZOFRENIA CONSTITUYENTE: LAS INCONSTITUCIONALES "BASES COMICIALES" DICTADAS POR EL PRESIDENTE DE LA REPÚBLICA, SIN COMICIOS, USURPANDO LA VOLUNTAD POPULAR Y VIOLANDO EL DERECHO DEL PUEBLO A ELEGIR REPRESENTANTES POR VOTACIÓN UNIVERSAL

El Presidente de la República, dictó con fecha 23 de mayo de 2017, el Decreto N° 2.878 mediante el cual inconstitucionalmente estableció "las Bases Comiciales para la Asamblea Nacional Constituyente,"[96] la cual había sido convocada igualmente en forma inconstitucional mediante Decreto N° 2.830 de 1 de mayo de 2017.[97]

Conforme al artículo 347 de la Constitución ambas decisiones solo pueden ser adoptas por el pueblo directamente, manifestando su voluntad mediante referendo, como depositario de la soberanía popular y único y exclusivo titular del poder constituyente originario.

---

96 Véase en *Gaceta Oficial* N° 41.156 del 23 de mayo de 2017.

97 Véase en *Gaceta Oficial* N° 6.295 Extra, de 1 de mayo de 2017. Por ello, decreto N° 2830 fue impugnado de por inconstitucionalidad. Véase, entre otros, Rafael Badell Madrid, "Acción popular de nulidad por inconstitucionalidad contra los Decretos N° 2.830 y 2.831 de fecha 1° de mayo de 2017," en http://www.badellgrau.com/?pag=230&ct=2175.

La magnitud de la inconstitucional decisión,[98] que es un nuevo golpe de Estado que raya en la esquizofrenia,[99] la pretendió encubrir el Presidente informando a los venezolanos que el Decreto lo dictó, no con base en atribuciones que no tiene, sino simplemente "con la bendición de Dios Todopoderoso," como si esto fuese una teocracia, pero sin informarles a los simples mortales ciudadanos cómo, cuándo y en qué forma habría recibido ese mensaje divino de respaldo de Dios para avalar el fraude al pueblo y a la Constitución que pretende cometer.

Y más grave aún, cuando anuncia en el decreto, el Presidente solo, que con la supuesta "bendición de Dios" procede a convocar una Asamblea Constituyente para imponerles a los venezolanos "la construcción del socialismo" que ya el pueblo rechazó mediante referendo en 2007, y además, en nada menos, que para "la refundación de la Nación venezolana." Ni siquiera para volver a fundar el Estado, que hubiese sido excesivo, sino para refundar a la propia Nación, como si la misma fuera algo de él solo, manipulable, ignorando por tanto qué es en efecto una "Nación."

El decreto, en todo caso, es inconstitucional por las razones siguientes:

---

[98] Sobre lo expuesto en esta Parte, véase el documento: "La esquizofrenia constituyente: las inconstitucionales "bases comiciales" dictadas por el Presidente de la República, sin comicios, usurpando la voluntad popular y violando el derecho del pueblo a elegir representantes por votación universal," 29 de mayo de 2017, en http://allanbre-wercarias.net/site/wp-content/uploads/2017/05/160.-doc.-Brewer.-Sobre-las-bases-comiciales-de-la-ANC-29.5.2017.-1.pdf.

[99] Como lo observó Eduardo Semtei, "el llamado a una Asamblea Nacional Constituyente hecha por el Presidente Maduro en contra de la opinión del 85% del país es cuando menos una locura. Una provocación infinita. Una burla total." Véase Eduardo Semtei, "Dictadura del siglo XXI o las maldades constituyentes," en *Runrunes*, 29 de mayo de 2017, en http://runrun.es/opinion/311561/dictadura-del-siglo-xxi-o-las-maldades-constituyentes-por-eduardo-semtei.html.

1. *La usurpación de la soberanía popular por el Presidente de la República*

En primer lugar, porque el Presidente carece absolutamente de atribuciones constitucionales para dictar dicho Decreto convocando una Asamblea Nacional Constituyente y para dictar unas "bases comiciales" para la misma, habiendo usurpado, al dictarlo, la soberanía y el poder constituyente originario del pueblo, del cual solo es depositario (art. 347 C.), siendo dicho decreto por tanto nulo e ineficaz por usurpación (art. 138 C.).

La burla a la Constitución para dictar el decreto, se manifiesta en las normas que cita para fundamentarlo como supuesta "base constitucional." En primer lugar, cita los numerales 1 y 2 del artículo 236 de la Constitución, que solo le dan competencia al Presidente para "cumplir la Constitución y las leyes" (no para violarlas) y "ejercer la acción de gobierno," (no para desmantelar al Estado), los cuales por supuesto no lo autorizan a convocar Asamblea Constituyente alguna. En segundo lugar cita los artículos 5 y 22 de la Constitución, en los cuales lo que se establece es que la soberanía "reside intransferiblemente en el pueblo que es quien la ejerce (lo que precisamente el Presidente ha usurpado), y que las personas tienen derechos que le son "inherentes a la persona humana" cuando no estén expresamente declarados, como es el derecho a la Constitución, a la democracia y a la soberanía (los cuales precisamente se violan con el decreto en cuestión).

Luego en forma evidentemente contradictoria, el Decreto invoca como ejemplo "el proceso popular constituyente," de 1999, "para que nuestro pueblo, como Poder Constituyente Originario, exprese su férrea voluntad" pero precisamente para negarle al pueblo que ejerza dicho poder constituyente originario que el Presidente usurpa para precisamente evitar que exprese su voluntad.

En el Decreto se citan a continuación supuestas "facultades" que le confieren los artículos 347, 348 y 70 de la Constitución conferirían al Presidente, lo que es falso, pues en dichas normas lo único que se le asigna al Presidente, junto a otras instancias, es la legitimación para tener la "iniciativa" para que se proceda a convocar al pueblo para que sea éste el que decida sobre la convocatoria a una Asamblea Nacional Constituyente, y nada más. Se trata de normas que no lo autorizan para usurpar la voluntad popular y para convocar una Constituyente sin que el pueblo lo haya decidido.

El Presidente, sin embargo, fundamentándose en las referidas normas, decretó contradictoriamente y supuestamente "convocó a una Asamblea Nacional Constituyente, para que el pueblo de Venezuela manifieste su férrea voluntad," pero precisamente quitándole al pueblo la posibilidad de que se manifieste, lo que solo podría hacer mediante una votación en referendo que el decreto le niega.

Esta contradicción se evidencia en el título mismo del Decreto, en el cual supuestamente se establecen las "*bases comiciales* para la Asamblea Constituyente" pero negando toda forma de comicios. Comicios en castellano es elección o votación, de manera que no puede haber bases comiciales sin que se sometan a votación para que el pueblo las apruebe o no, de manea que sean conforme a dichas bases comiciales -aprobadas por el pueblo-, que posteriormente se proceda a elegir los representantes del pueblo que deben integrar la Asamblea Constituyente.

No es cierto, por tanto, como se indica en el Decreto, que el Presidente tenga en forma alguna conforme a la Constitución, la "calidad de "convocante" de la Asamblea Nacional Constituyente que solo el pueblo puede convocar; y menos cierto es que pueda pretender como lo ha hecho, dictar las "bases comiciales" que se niega a someter a comicios, para imponerle a los venezolanos las reglas de "conformación y funcionamiento de la Asamblea Nacional Constituyente," contrariamente a lo que se expresa en el Decreto, sin garantizar la "participación directa y democrática" del pueblo que conforme a la Constitución solo es posible en este caso mediante referendo.

2. La violación del derecho del pueblo de elegir sus representantes mediante voto universal para que representen a la universalidad del pueblo

El principio más universal del constitucionalismo moderno es el republicanismo que busca garantizar que el pueblo ejerza su soberanía en forma directa (mediante referendo, por ejemplo) o en forma indirecta mediante representantes, que es precisamente lo que garantiza en artículo 5 de la Constitución.

Ello implica que en absolutamente todos los cuerpos representativos del pueblo en la estructura del Estado que se establecen en la Constitución (Asamblea Nacional, Consejos Legislativos, Concejos Municipales, Juntas Parroquiales y Asamblea Nacional Constituyente) la elección de representantes siempre tiene que ser mediante votación universal, directa y secreta (arts. 5 y 63 C.); de forma tal que en las mismas se asegure la representación de la totalidad del pueblo, como globalidad, estando proscrita toda otra forma de elección que solo permita la representación de algún sector o sectores de la población o de algunos territorios, en perjuicio de la representatividad universal.

Cualquier forma de representación sectorial en órganos representativos del Estado está, por tanto, proscrita en la Constitución; e igualmente, cualquier forma de representación territorial en cuerpos representativos nacionales también está absolutamente proscrita.

La única excepción constitucional al principio de la universalidad permitiendo una forma de representación sectorial es la establecida respecto de los representantes de los pueblos indígenas en la Asamblea Nacional (art. 186 C.). En cuanto a la representación territorial en cada entidad política de la República, la misma obligatoriamente es universal respecto de la globalidad de la población en cada entidad (Consejos Legislativos, Concejos Municipales, y Juntas Parroquiales, aun cuando en estas se eliminaron inconstitucionalmente), lo que implica que para el cuerpo representativo nacional que es la Asamblea Nacional, la representatividad no es ni puede ser "territorial" sino que es de la población en su globalidad, aunque los diputados sean electos por entidades federales (art. 186). Por ello el artículo 201 de la Constitución dispone que "los diputados son representantes del pueblo y de los Estados *en su conjunto*, no sujetos a mandatos ni instrucciones sino sólo a su conciencia."

La única representación territorial que se había establecido tradicionalmente en Venezuela, fue la elección de los senadores para integrar el Senado, en el cual cada senador representaba un Estado y no al pueblo en su conjunto. Ello fue eliminado de la Constitución de 1999, que al contrario garantiza que los representantes electos en cuerpos representativos nacionales representan al pueblo de toda la República en su conjunto, de cada entidad federal en los cuerpos representativos de los Estados y Municipios.

El artículo 1º del Decreto Nº 2.878 de 23 de mayo de 2017, mediante el cual el Presidente de la República, inconstitucionalmente estableció "las Bases Comiciales para la Asamblea Nacional Constituyente," es básicamente inconstitucional por violar el derecho del pueblo a la representación política, al establecer que "los integrantes de la Asamblea Nacional Constituyente serán elegidos y elegidas en el ámbito territorial y sectorial, mediante el voto universal, directo y secreto."

La Asamblea Nacional Constituyente es un órgano *nacional* de representación del pueblo en su globalidad, por lo que el sufragio universal directo y secreto tiene que establecerse precisamente para la elección de representantes del pueblo en su globalidad en todo el ámbito nacional, y no puede establecerse - como falazmente se persigue -, solo en los sectores inventados en el Decreto, y en cada sector; y solo a nivel de municipios, y en cada municipio. Esa representación es contraria al derecho a la representación de la universalidad del pueblo en las asambleas representativas.

La elección por sectores, solo es admisible fuera del ámbito del Estado, en cada sector, donde, por ejemplo, los trabajadores eligen los representantes en sus sindicatos, los empresarios eligen los representantes en sus cámaras de comercio o industria, los profesionales eligen sus representantes en sus Colegios, o los pescadores eligen sus representantes en sus asociaciones. Pero fuera de ese ámbito privado, donde todos los miembros tienen derecho a votar en forma universal para integrar sus órganos representativos, esto es, en las instancias del Estado no puede haber elecciones sectoriales.

En cuanto a la elección territorial, la misma está circunscrita a los cuerpos representativos en cada entidad (Consejos Legislativos, Concejos Municipales). La elección de representantes del pueblo de un Municipio por ejemplo, por supuesto que es mediante sufragio universal pero para elegir los concejales de los Concejos Municipales. Contrariamente, no se puede configurar la elección de una Asamblea *Nacional* Constituyente con una especie de agregado de "concejales," quitándole al pueblo globalmente su derecho a estar representado en su conjunto.

Con esta distorsión de la representación popular a través de la inconstitucional elección de los constituyentes diseñada una forma sectorial y territorial, lo que pone en evidencia es la aviesa intención del gobierno "de maximizar la utilidad de la distribución de sus escasos apoyos electorales" para pretender controlar la Asamblea con escasos 20 % de los votos.[100]

3. *La inconstitucionalidad de la disparatada elección "territorial" para integrar la Asamblea Constituyente que debería ser "nacional" y no de carácter municipal*

El artículo 2 del Decreto N° 2.827 precisamente viola el derecho del pueblo a la representación de la totalidad del mismo, en su conjunto, en forma global, en un cuerpo representativo del mismo como es una Asamblea Nacional Constituyente, al esta-

---

100 Véase Héctor Briceño, "Constituyente: reglas manipuladas para ganar con el 20% de los votos," en *Prodavinci*, 27 de mayo de 2017, en http://prodavinci.com/2017/05/27/actua-lidad/constituyente-reglas-manipuladas-para-ganar-con-el-20-de-los-votos-por-hector-briceno/.

blecer su integración mediante una especie de "concejales" es decir, representantes elegidos en cada Municipio de la República, convirtiendo entonces lo que debería ser una Asamblea Nacional Constituyente en una reunión de concejales municipales.

A tal efecto, el artículo 2 del Decreto dispone que la Asamblea Nacional Constituyente "estará integrada por trescientos sesenta y cuatro (364) miembros escogidos territorialmente," reafirmando el artículo 3 que

"en el ámbito territorial se producirá la elección de trescientos sesenta y cuatro (364) Constituyentes a la Asamblea Nacional Constituyente, conforme a la siguiente distribución: un o una (1) Constituyente por cada Municipio del País que será electo o electa de forma nominal de acuerdo al principio de representación mayoritario, y dos (2) Constituyentes en los Municipios Capitales, que serán electos o electas mediante la modalidad lista, de acuerdo al principio de representación proporcional. En el Municipio Libertador de Caracas, Capital de la República Bolivariana de Venezuela y el asiento de los órganos del Poder Nacional, se escogerán siete (7) Constituyentes mediante la modalidad lista de acuerdo al principio de representación proporcional."

Conforme a esa disposición, el artículo continúa con un **Cuadro** en el cual se establece entonces el número de "*Constituyentes Territoriales por Municipio*," es decir, el número de la especie de "concejales" electos por Municipios con los cuales se pretende integrar una Asamblea Constituyente *nacional* que debería representar, al contrario, al pueblo en su conjunto.

Lo único que hemos agregado al cuadro publicado en el decreto es la cifra de población de cada Estado de la República para evidenciar **el disparate constituyente que se ha decretado** donde por ejemplo se pretende elegir en Estados como el Estado Amazonas o Cojedes más constituyentes que en el Distrito Capital; o en Estados como Falcón y Mérida más constituyentes que en el Estado Zulia (el lector es libre de hacer las comparaciones tomando en cuenta la población y el número de constituyentes a elegir):

CONSTITUYENTES TERRITORIALES POR MUNICIPIO					
ENTIDADES	N° DE MUNICIPIOS POR ENTIDAD	NOMINAL/ LISTA	POBLACIÓN	TOTAL
DISTRITO CAPITAL	1	- / 7	3.137.710	7
ANZOÁTEGUI	21	20 / 2	1.788.329	22
APURE	7	6 / 2	587.056	8
ARAGUA	18	17 / 2	1.976.470	19
BARINAS	12	11 / 2	989.432	13
BOLÍVAR	11	10 / 2	1.874.190	12
CARABOBO	14	13 / 2	3.315.506	15
COJEDES	9	8 / 2	348/022	10
FALCÓN	25	24 / 2	1.029.638	6
GUÁRICO	15	14 / 2	870.951	16
LARA	9	8 / 2	2.219.211	10
MÉRIDA	23	22 / 2	992.971	24
MIRANDA	21	20 / 2	3.992.347	22
MONAGAS	13	12 / 2	998.024	14
NUEVA ESPARTA	11	10 / 2	552.011	12
PORTUGUESA	14	13 / 2	1.012.781	15
SUCRE	15	14 / 2	1.071.017	16
TÁCHIRA	29	28 / 2	1.578.108	30
TRUJILLO	20	19 / 2	787.988	21
YARACUY	14	13 / 2	693.876	15
ZULIA	21	20 / 2	4.323.476	22
AMAZONAS	7	6 /	178.670	8
DELTA AMACURO	4	3 / 2	187.022	5
VARGAS	1	- / 2	398.018	2
TOTAL	335	311 / 53		364

Si se llegase a aplicar este cuadro en la elección "territorial" que se pretende, en realidad lo que *se estaría es eligiendo una Asamblea Nacional Constituyente compuesta por constituyentes electos como si fueran concejales*, sin que se logre ninguna representación nacional de la globalidad y universalidad del pueblo, como lo impone la Constitución.

Además, la elección distorsionaría toralmente la representación del pueblo, al no tomar en cuenta la población existente en cada Municipio de los Estados, como si todos tuviesen igual población, resultando el absurdo de que como se dijo, los Estados Apure o Amazonas tendrían más representantes que el Distrito Capital (Caracas); que el Estado Yaracuy tendría el doble de representantes que el Distrito Capital (Caracas); que el Estado Anzoátegui tendría más representantes que el Estado Zulia, Carabobo, o Miranda; que el Estado Bolívar tendría menos representantes que los Estados. Yaracuy, Trujillo o Guárico; que el Estado Falcón tendría más representantes que los Estados Miranda, Zulia o Carabobo; que los Estados. Mérida y Trujillo tendrán igual representantes que el Estado Zulia; que el Estado Guárico tendría más representantes que el Estado Carabobo; que el Estado Yaracuy tendrá igual número de representantes que el Estado Carabobo; que el Estado Bolívar tendría menos representantes que el Estado Yaracuy; en fin que Estado Falcón tendría más representantes que los Estados Aragua, Lara, Zulia, Distrito Capital.

4. *La inconstitucionalidad de la elección "sectorial" para integrar una Asamblea Constituyente con representación que debería ser "nacional" y no de sectores de la población*

Aparte de lo disparatado y distorsionadora pretendida elección "territorial" de los constituyentes que se proponen en el inconstitucional decreto, y dejando aparte la elección sectorial de ocho (8) representantes de los pueblos indígenas que es la única aceptada en la Constitución, atendiendo "a la pluralidad de pueblos indígenas existentes en las distintas regiones del País," (arts. 2 y 3, Parágrafo único), en el Decreto se ha establecido que "se elegirán también Constituyentes Sectoriales" conforme a una supuesta regla derivada del "cociente entre el registro electoral de cada sector y el factor obtenido para calcular los Constituyentes Territoriales, esto es un (1) Constituyente Sectorial por cada ochenta y tres mil (83.000) electores del registro electoral sectorial," (art. 2), respecto de los siguientes "sectores" enumerados en el artículo 1:

> "1) Trabajadores. 2) Campesinos y Pescadores. 3) Los Estudiantes. 4) Las Personas con discapacidad. 5) Los Pueblos Indígenas. 6) Los Pensionados. 7) Los Empresarios; y. 8) las Comunas y Consejos Comunales."

Más allá de que resulta incomprensible cómo las "Comunas y Consejos Comunales," que son entidades establecidas con un ámbito territorial (por eso la elección de los representantes de este "sector" se indica que debe hacerse "regionalmente" art. 4), se puedan llegar considerar como un "sector," -que en ningún y bajo ningún aspecto lo son-, la enumeración que se ha hecho es esencialmente discriminatoria y excluyente. Además de dichas Comunas y Consejos Comunales, muchos otros de los componentes de los sectores son entidades oficiales como la "administración pública" las universidades no autónomas, las empresas del Estado, lo que permite al gobierno su total control.[101]

Se le olvidó al Presidente de la República, sin desmejorar ni rebajar la importancia de los pensionados, de los pescadores y de los discapacitados, que quizás es importante para integrar una Asamblea Constituyente que nada más ni nada menos va a transformar el Estado, crear un nuevo ordenamiento jurídico y sancionar una nueva Constitución, que la misma se integre por ejemplo, con representantes de "sectores" como el universitario, profesional, académico, intelectual, de las comunicaciones, los cuales no deben quedar diluidos en el sector genérico de "trabajadores" (art. 5).

---

101 Véase Juan Manuel Raffalli, "El veneno escondido en las bases comiciales," en *Prodavinci*, 23 de mayo de 2017, en http://prodavinci.com/2017/05/23/actualidad/el-veneno-escondido-en-las-bases-comiciales-por-juan-manuel-raffalli/.

Y en todo caso, cabe preguntarse ¿Por qué esa importantísima tarea que tiene una Asamblea Nacional Constituyente se le debe dejar solo a los pensionados, pescadores, campesinos o discapacitados? ¿Por qué se excluyó de la tarea constituyente a los profesionales? ¿Por qué al sector universitario de tanta importancia se lo diluyó en un genérico sector estudiantil (art. 5)?

Realmente no tiene lógica alguna la pretendida elección sectorial propuesta, aparte de la inconstitucionalidad intrínseca que ella implica al violar el derecho constitucional del pueblo a elegir sus representantes mediante sufragio universal, directo y secreto para estar representado globalmente, y no por sectores, y menos solo por los sectores menos apropiados para la tarea que la Constitución le asigna a una Constituyente.

La sectorialización de la población puede ser útil, como funciona en el ámbito privado, para que los campesinos elijan los representantes ante las asociaciones de campesinos; para que los trabajadores elijan los representantes en sus sindicatos; para que los pescadores elijan los representantes de las asociaciones de pescadores; para que los empresarios industriales o comerciantes elijan los representantes a sus Cámaras de Comercio o Industria; o para que los profesionales elijan a sus representantes en los Colegios profesionales; pero ello no tiene sentido ni asidero constitucional, para integrar un cuerpo de representantes del pueblo a nivel nacional, donde los mismos deben representar al pueblo en su conjunto, y no a determinados sectores de la población.

**

La propuesta presidencial de convocar una Asamblea Nacional Constituyente, en definitiva, es inconstitucional:

Primero, porque viola el artículo 347 de la Constitución que reserva al pueblo el ejercicio del poder constituyente originario para en ejercicio del mismo poder convocar mediante referendo una Asamblea Nacional Constituyente. El Decreto presidencial Nº 2.830 del 1 de mayo de 2017, usurpó el poder del pueblo, y sin su participación y en fraude a la Constitución, pretende convocar directamente una Asamblea Nacional Constituyente.

Segundo, el mismo Decreto N° 2.830 está viciado de inconstitucionalidad por pretender, en fraude a la voluntad popular, convocar una Asamblea Constituyente sin la participación del pueblo mediante referendo, para implantar en el país un Estado Comunal o del Poder Popular, como se expresa en el Decreto No. 2.830 del 1 de mayo de 2017, cuando el mismo pueblo ya rechazó dicha propuesta mediante el referendo que negó la aprobación de la reforma constitucional de 2007.

Tercero, en cuanto al Decreto N° 2.878 de 23 de mayo de 2017, por absoluta incompetencia del Presidente para dictarlo, ya que ninguno de los artículos constitucionales que cita en el mismo lo autorizan para emitirlo.

Cuarto, por pretender imponer sin la aprobación por el pueblo mediante referendo, falsamente, unas "bases" llamadas "comiciales," pero sin someterlas a "comicios" o votación alguna por parte del pueblo.

Quinto, por distorsionar las normas constitucionales sobre la Asamblea Nacional Constituyente que solo el pueblo puede convocar para que lo representen en su conjunto en una instancia nacional de tal importancia para transformar el Estado y crear un nuevo orden jurídico, convirtiendo dicha Asamblea en una especie de reunión de representantes de municipios (como si fueran "concejales") y de sectores arbitrariamente dispuestos, en franca discriminación de otros; y todo violando el principio de la universalidad del sufragio, que es un derecho constitucional para garantizar la representación del pueblo en su conjunto. Con la elección "sectorial" y "territorial" propuesta no se representa al pueblo en su conjunto, es decir, a la población global del país, sino a municipios y supuestos sectores, dándosele igual representación a un minúsculo municipio de algo más de mil habitantes a los grandes municipios del país con más de un millón de habitantes.

Por todo ello, con razón, el profesor José Ignacio Hernández expresó que las bases comiciales para la elección de los miembros de la Asamblea Nacional Constituyente inconstitucionalmente convocada, tal como fueron decretadas por el Presidente de la República, "son otro golpe a la democracia."[102]

New York, 29 de mayo de 2017

---

[102] Véase José Ignacio Hernández, "Bases comiciales: otro golpe a la democracia," en *Prodavinci*, 23 de mayo de 2017, en http://prodavinci.com/blogs/bases-comiciales-otro-golpe-a-la-democracia-por-jose-ignacio-hernandez/.

Novena parte:

EL FRAUDE A LA CONSTITUCIÓN Y A LA VOLUNTAD POPULAR POR PARTE DE LA SALA CONSTITUCIONAL DEL TRIBUNAL SUPREMO AL NEGARLE AL PUEBLO SU PODER EXCLUSIVO DE CONVOCAR UNA ASAMBLEA NACIONAL CONSTITUYENTE

La Sala Constitucional del Tribunal Supremo de Justicia, con motivo de la inconstitucional convocatoria por parte del Presidente de la República, ha comenzado a completar el fraude constitucional, al "interpretar" los artículos 347 y 348 de la Constitución mediante sentencia N° 378 de 31 de mayo de 2017,[103] concluyendo con un simplismo inconcebible, que:

> "De tal manera que, el artículo 347 define en quien reside el poder constituyente originario: en el pueblo como titular de la soberanía. Pero el artículo 348 precisa que la iniciativa para ejercer la convocatoria constituyente le corresponde, entre otros, al "Presidente o Presidenta de la República en Consejo de Ministros", órgano del Poder Ejecutivo, quien actúa en ejercicio de la soberanía popular.

---

[103] Véase en http://historico.tsj.gob.ve/decisiones/scon/mayo/199490-378-315-17-2017-17-0519.HTML. Véase sobre esto el documento: "El Juez Constitucional vs. el pueblo, como poder constituyente originario," (Sentencias de la Sala Constitucional N° 378 de 31 de mayo de 2017 y N° 455 de 12 de junio de 2017), 16 de junio de 2017, en http://allanbrewercarias.net/site/wp-content/uploads/2017/06/161.-doc.-Sobre-proceso-constituyente-SC-sent.-378-y-455.pdf

En los términos expuestos anteriormente, la Sala considera que *no es necesario ni constitucionalmente obligante, un referéndum consultivo previo para la convocatoria de una Asamblea Nacional Constituyente, porque ello no está expresamente contemplado* en ninguna de las disposiciones del Capítulo III del Título IX.".

Esta absurda conclusión, que contaría la letra del artículo 347 de la Constitución,[104] la elaboró la Sala a la medida de lo que quería el régimen con ocasión de decidir un recurso de interpretación de dichas normas formulado quince días antes por un abogado "actuando en nombre propio," en el cual básicamente argumentó que para que el pueblo en ejercicio del poder constituyente originario pudiese convocar una Asamblea Nacional Constituyente, debía hacerlo mediante referendo que debía realizarse una vez que se tomara la iniciativa por los legitimados para ello ante el Consejo Nacional Electoral,[105] el cual al recibirla debía someterla a *"consulta al soberano como poder originario para que se manifieste en mayoría si está de acuerdo que se realice o no el proceso Constituyente."*

El peticionante formuló el recurso de interpretación, según se reseña en la sentencia, porque el Presidente de la República y algunos de sus Ministros argumentaron públicamente:

"que ya no hacía falta la manifestación del pueblo en cuanto a la activación de la Constituyente, y que además como quien realizo (sic) la iniciativa era el presidente (sic) de la República pues es el (sic) quien debe presentar los candidatos

---

104 *Artículo 347.* El pueblo de Venezuela es el depositario del poder constituyente originario. En ejercicio de dicho poder, puede convocar una Asamblea Nacional Constituyente con el objeto de transformar el Estado, crear un nuevo ordenamiento jurídico y redactar una nueva Constitución.

105 *Artículo 348.* La iniciativa de convocatoria a la Asamblea Nacional Constituyente podrán tomarla el Presidente o Presidenta de la República en Consejo de Ministros; la Asamblea Nacional, mediante acuerdo de las dos terceras partes de sus integrantes; los Concejos Municipales en cabildo, mediante el voto de las dos terceras partes de los mismos; o el quince por ciento de los electores inscritos y electoras inscritas en el Registro Civil y Electoral.

realizar la escogencia de los mismos, invitando a todos a inscribirse para su elección (...)" (mayúsculas y resaltado del escrito)."

En definitiva, estas fueron según la Sala las dudas e interrogantes planteadas por el recurrente:

"-Será que el termino (sic) la iniciativa deba entenderse como un todo, y que solo lo indispensable sería entonces aprobar o no el proyecto que presente de modelo de Constitución luego de discutida.

-[S]erá que no se requiere que el soberano poder originario evalué (sic) si acepta, si está de acuerdo o no, con una nueva Constitución.

-Será que solo emitirá el voto de aprobación o no al proyecto ya presentado por quien ejerció la iniciativa.

La Sala, luego de declararse competente para conocer del recurso de interpretación abstracta de la Constitución, inconstitucionalmente establecido en forma pretoriana por la sentencia N° 1077, del 22 de septiembre de 2000 (caso: *Servio Tulio León*), y luego recogida en el artículo 25 de la Ley Orgánica del Tribunal Supremo de Justicia de 2004, procedió a admitirlo declararlo considerando que el recurrente tenía la legitimidad necesaria

"por su interés legítimo, como parte del poder originario, como venezolano y profesional del derecho y ante el clamor popular, vista la ambigüedad e incertidumbre jurídica de los artículos 347 y 348 de la Constitución de la República Bolivariana de Venezuela, manifestada en la realización de la iniciativa y la consulta para la elección de los integrantes de la Asamblea Nacional Constituyente, así como la iniciativa o solicitud al Consejo Nacional Electoral a los fines de que realice la consulta al poder originario, para que manifieste si está de acuerdo en que se efectúe o no el proceso constituyente, el cual podría iniciarse a finales del mes de julio del año 2017, lo cual resulta un hecho notorio y comunicacional, visto el Decreto N° 2.830, dictado el 1° de mayo de 2017, por el Presidente de la República Bolivariana de Venezuela, ciudadano Nicolás Maduro Moros."

Y luego de declarar el asunto planteado como "de mero derecho, en tanto no requiere la evacuación de prueba alguna al estar centrado en la obtención de un pronunciamiento interpretativo," la Sala pasó de inmediato a decidir, "sin más trámites" sobre "el alcance y el contenido de los artículos 347 y 348 de la Constitución," en particular en :

> "lo relativo a la realización de la iniciativa y la consulta para la elección de los integrantes de la Asamblea Nacional Constituyente, así como la iniciativa o solicitud al Consejo Nacional Electoral, a fin de que realice la consulta al poder originario, para que manifieste si está de acuerdo en que se efectúe o no el proceso Constituyente."

Después de copiar el texto de los artículos 347 y 348 de la Constitución, y recordar que la Constitución de 1961, a pesar de contemplar las figuras de la Enmienda y Reforma, no contempló la de "la Asamblea Constituyente para que el pueblo, como poder constituyente originario, pudiera redactar un nuevo texto fundamental," la Sala pasó a referirse al proceso de interpretación del artículo 4 de la Constitución (1961) y el artículo 181 de la Ley Orgánica del Sufragio y Participación Política que en 1998 intentaron unos ciudadanos en diciembre de 1998, "con la finalidad de aclarar si era posible, con base en el, convocarse un referéndum consultivo para que el pueblo determinara si estaba de acuerdo con la convocatoria de una Asamblea Constituyente," que concluyó en la sentencia de la Sala Político Administrativa de la antigua Corte Suprema de Justicia, de 19 de enero de 1999,[106]" en la cual dicha Sala lo único que resolvió fue a través de un referendo consultivo podía:

> "*ser consultado el parecer del cuerpo electoral sobre cualquier decisión de especial trascendencia nacional distinto a los*

---

106 Véase sobre dicha sentencia los comentarios en Allan R. Brewer-Carías, *Poder constituyente originario y Asamblea Nacional Constituyente (Comentarios sobre la interpretación jurisprudencial relativa a la naturaleza, la misión y los límites de la Asamblea Nacional Constituyente)*, Colección Estudios Jurídicos Nº 72, Editorial Jurídica Venezolana, Caracas 1999.

expresamente excluidos por la propia Ley Orgánica del Sufragio y Participación Política en su artículo 185, <u>incluyendo la relativa a la convocatoria de una Asamblea Constituyente</u>" (subrayado de este fallo).

Nada dijo la Sala Constitucional, sin embargo, sobre la segunda pregunta que entonces se le formuló y que no fue respondida en 1999 por la antigua Corte Suprema, sobre si se podía convocar una Asamblea Constituyente (no prevista en la Constitución se 1961) sin reformar previamente la Constitución; y solo se refirió a las vicisitudes de la convocatoria de entonces al referendo consultivo por el Presidente de la República mediante Decreto N° 3 del 2 de febrero de 1999, y las modificaciones de las "bases comiciales"" de entonces como consecuencia de otras decisiones judiciales, entre ellas, "la sentencia de la Corte Suprema de Justicia del 18 de marzo de 1999 y su aclaratoria del 23 de marzo del mismo año, así como según fallo del 13 de abril de 1999."[107]

En todo caso, luego de constatar que el proceso constituyente de 1999 se inició mediante la convocatoria por el Presidente Chávez "de un referéndum consultivo para que el pueblo se pronunciase sobre la convocatoria de una Asamblea Nacional Constituyente, en cuya oportunidad, el convocante propuso las bases para la elección de los integrantes del cuerpo encargado de la elaboración del nuevo texto fundamental," indicó que tales circunstancias iniciales se debieron a la ausencia en la Carta de 1961 de previsión alguna sobre la Asamblea Nacional Constituyente.

Sin embargo, como se ha visto, en la Constitución de 1999, efectivamente conforme afirmó la Sala "la situación constitucional actual es totalmente diferente," ya que en la misma ahora sí se regula la Asamblea Nacional Constituyente como una de las "tres modalidades de "revisión" constitucional: la enmienda, la reforma y la Asamblea Nacional Constituyente," pasando la Sala

---

107 Véase Allan R. Brewer-Carías, "La configuración judicial del proceso constituyente en Venezuela de 1999 o de cómo el guardián de la Constitución abrió el camino para su violación y para su propia extinción", en *Revista Jurídica del Perú*, Año LVI, N° 68, 2006, pp. 55-130.

con un simplismo que ni siquiera los libros escolares adoptaron, constatando que a pesar de que la Constitución reserva la convocatoria de la Asamblea Nacional Constituyente al pueblo en ejercicio del poder constituyente originario, sin embargo "no hay previsión alguna sobre un referéndum acerca de la iniciativa de convocatoria de una Asamblea Nacional Constituyente."

Luego pasó la Sala a afirmar que en su sesión N° 41 de 9 de noviembre de 1999, conforme al Diario de Debates de la Constituyente, en el desarrollo del debate "la propuesta del Constituyente Manuel Quijada de que el pueblo pudiera convocar a la Asamblea Constituyente mediante un referéndum, fue negada." Ello es absolutamente falso. Al contrario, en el Diario de Debates lo que quedó claro es que la propuesta formulada sobre la convocatoria de la Asamblea Constituyente es que ello se haría mediante un "referendo de convocatoria."[108] Ese fue el espíritu de la discusión y el sentido de lo que fue aprobado al atribuirle al pueblo la potestad única de convocar la Asamblea, y evidente y lógicamente el pueblo solo puede convocarla mediante referendo. No hay otra forma., en esta materia, cómo el pueblo pueda manifestarse.

La Sala luego pasó a referirse con argumentos no jurídicos y que de nada sirven para interpretar las normas constitucionales, que aun cuando el artículo 71 de la Constitución al regular el derecho a la participación popular prevé el referendo, supuestamente habría unas "circunstancias objetivas sobrevenidas" que "ambientarían" la premura del proceso de instalación de la Asamblea Nacional Constituyente, en medio de "un estado de excepción no concluido aún," considerando que ello habría motivado al Presidente a tomar:

---

108 Véase lo indicado en Allan R. Brewer-Carías, "La Asamblea Nacional Constituyente de 1999 aprobó que solo el pueblo mediante "referendo de convocatoria" convocar una Asamblea Constituyente: análisis del *Diario De Debates*. 17 de mayo de 2017, en http://allanbrewercarias.net/site/wp-content/uploads/2017/05/159.-doc.-Brewer.-ANC-y-referendo-de-convocatoria.-17-5-2017.pdf.

"decisiones genéricas, expeditas y de profundidad constitucional, dentro de la cuales, por iniciativa del Presidente de la República se ha resuelto iniciar la convocatoria a una Asamblea Nacional Constituyente, que pueda en condiciones pacíficas poner de acuerdo al país en un nuevo Contrato Social, sin hacer uso en esta oportunidad, por tales circunstancias, de lo previsto en el citado artículo 71."

En fin, a pesar de que la Sala identificó como "uno de los rangos fundamentales distintivos que hacen de la Carta de 1999 una Constitución Social de nuevo tipo, es la opción por la democracia participativa y protagónica," y reconocer que "el ejercicio directo" de la soberanía es decir, la democracia directa se "manifiesta en los medios de participación y protagonismo contenidos en el artículo 70 de la Constitución" entre los cuales está el referendo; sin embargo, en definitiva le negó al pueblo su derecho de participar y poder decidir en forma directa si convoca o no una Asamblea Nacional Constituyente. Para ello, luego de referencias y citas innecesarias sobre las formas de ejercicio de la soberanía, directa e indirecta, la Sala simplemente concluyó afirmando que:

"El artículo 347, cuya interpretación se solicita, debemos necesariamente articularlo con el artículo 348, ambos del texto constitucional. En efecto, el pueblo de Venezuela es el depositario del poder constituyente originario y, en tal condición, y como titular de la soberanía, le corresponde la convocatoria de la Asamblea Nacional Constituyente. Pero la iniciativa para convocarla le corresponde, por regla general, a los órganos del Poder Público (el Presidente o Presidenta de la República en Consejo de Ministros; la Asamblea Nacional, mediante acuerdo de las dos terceras partes de sus integrantes; y los Concejos Municipales en cabildos, mediante el voto de las dos terceras partes de los mismos) quienes ejercen indirectamente y por vía de representación la soberanía popular. La única excepción de iniciativa popular de convocatoria es la del quince por ciento de los electores inscritos y electoras inscritas en el Registro Civil y Electoral."

Hasta aquí, la Sala sólo copió lo que dicen los artículos 347 y 348 de la Constitución, pero sin darle importancia alguna a lo que reconoce la sentencia en el sentido de que:

> "el pueblo de Venezuela es el depositario del poder constituyente originario y, en tal condición, y como titular de la soberanía, le corresponde la convocatoria de la Asamblea Nacional Constituyente,"

concluyó en la forma más absurda que:

> "no es necesario ni constitucionalmente obligante, un referéndum consultivo previo para la convocatoria de una Asamblea Nacional Constituyente, porque ello no está expresamente contemplado en ninguna de las disposiciones del Capítulo III del Título IX."

O sea que a pesar de que se diga que solo el pueblo como titular del poder constituyente originario puede convocar la Asamblea Nacional Constituyente, como no se identifica expresamente la forma como puede manifestar su voluntad que no es otra que a través de un referendo, simplemente se le quita su poder y se le asigna arbitrariamente al Presidente de la República, usurpándose así la voluntad popular.

De lo que resulta la aberración constitucional de que ni más ni menos, para cambiarle una coma a un artículo constitucional el pueblo debe participar mediante un referendo, pero para sustituir en su totalidad de la Constitución por otra y crear un nuevo Estado al pueblo no deme participar mediante referendo, simplemente porque no se previó expresamente su forma de convocar la Asamblea Constituyente.

El intérprete debió escudriñar en la Constitución cómo el pueblo podía convocar una Asamblea Constituyente, que no era otra vía que no fuera un referendo de convocatoria, pero no podía concluir que como no se indicaba expresamente dicha modalidad, entonces simplemente ya no tenía la potestad exclusiva de convocatoria que le da la Constitución.

Madrid / Heidelberg, 4-9 de junio de 2017

Décima parte:

EL DESPRECIO A LAS PREVISIONES CONSTITUCIONALES DE 1999 POR EL JUEZ CONSTITUCIONAL, CONSIDERANDO AJUSTADAS A LAS MISMAS LAS INCONSTITUCIONALES "BASES COMICIALES" DICTADAS PARA LA CONFORMACIÓN DE LA ASAMBLEA NACIONAL CONSTITUYENTE

Por otra parte, la Sala Constitucional del Tribunal Supremo, mediante sentencia N° 455 de 12 de junio de 2017, declaró sin lugar el recurso de nulidad de nulidad por inconstitucionalidad que había sido intentado por el abogado Emilio J Urbina, "actuando en su propio nombre" contra el Decreto N° 2.878, de 23 de mayo de 2017[109] que estableció las "bases comiciales" para la integración de la Asamblea Nacional Constituyente[110] convocada por el Presidente de la República mediante Decreto No. 2830 de 1 de mayo de 2017; declarando, además, expresamente "la constitucionalidad" del mismo. [111]

La Sala Constitucional, para decidir, comenzó advirtiendo que ya había emitido el fallo antes comentado N° 378 del 31 de

---

109 Véase en *Gaceta Oficial* N° 41.156 de 23 de mayo de 2017.

110 El decreto fue modificado mediante Decreto N° 2.889 de fecha 4 de junio de 2017, *Gaceta Oficial* N° 41.165 de 5 de junio de 2017.

111 Véase sobre lo expuesto en esta Parte, el documento: "El Juez Constitucional vs. el pueblo, como poder constituyente originario," (Sentencias de la Sala Constitucional N° 378 de 31 de mayo de 2017 y N° 455 de 12 de junio de 2017), 16 de junio de 2017, en http://allanbrewercarias.net/site/wp-content/uploads/2017/06/161.-doc.-Sobre-proceso-constituyente-SC-sent.-378-y-455.pdf

mayo de 2017, estableciendo su interpretación de los artículos 347 y 348 de la Constitución, antes comentada, donde simplemente decidió como antes hemos destacado, ignorando lo que regula la Constitución de que sólo el pueblo puede convocar una Asamblea Nacional Constituyente, que "*no es necesario ni constitucionalmente obligante, un referéndum consultivo previo para la convocatoria de una Asamblea Nacional Constituyente, porque ello no está expresamente contemplado en ninguna de las disposiciones del Capítulo III del Título IX (...);*" y además, que ya el Consejo Nacional Electoral, mediante Resolución N° 170607-118, de 7 de junio de 2017, ya había dado su conformidad a las "Bases Comiciales para la Asamblea Nacional Constituyente."

Y luego pasó la Sala Constitucional a resumir, a desechar y a decidir lo que en su criterio fueron los alegatos fundamentales del recurrente sobre la inconstitucionalidad de las mencionadas bases comiciales, reduciéndolos a los siguientes:

> **Primero:** "*a) Que en el primer Considerando del Decreto N° 2.878, se le asignan a la Asamblea Nacional Constituyente, atribuciones que exceden el artículo 347 de la Constitución de 1999, al proponer la construcción del socialismo y la refundación de la Nación venezolana.*"

Sobre este alegato, la Sala indicó que como se trató de una afirmación en los "Considerandos" del Decreto, la misma "no forma parte del texto de tal acto," y no tiene "un contenido normativo," considerando además que no contiene "en absoluto propuestas vinculantes para el órgano encargado de la elaboración del nuevo texto fundamental." En definitiva, sobre ello, la Sala resolvió que:

> "menciones como la impugnada en un "Considerando", son irrelevantes a los efectos de examinar la constitucionalidad del acto (decreto), salvo si se tratara del fundamento constitucional de su competencia; así se decide."

En fin, pura y simplemente una negativa a impartir justicia, negándose la Sala a decidir sobre la inconstitucionalidad alegada, en particular sobre la indicación de que la convocatoria a una

Asamblea Constituyente tiene un propósito fundamental y es la construcción del socialismo, propuesta rechazada por el pueblo en el referendo de 2007 y por la cual nadie nunca ha votado; y además, con el propósito, no de reformar el Estado que es lo que autoriza la Constitución, sino de "refundar la nación" que no es lo mismo por más malabarismos que haga la Sala para confundir Nación con Estado.

Como bien lo observó el impugnante, primero "proponer una ANC para introducir el socialismo, implica un *flagrante fraude constitucional*," y segundo, "la ANC lo que pudiera en todo caso es refundar al Estado venezolano y su ordenamiento jurídico -*in toto*- por medio de una Nueva Constitución. Nunca, pero nunca, una ANC podría ser establecida para "REFUNDAR LA NACIÓN", sino al Estado, éste último, personificación jurídica de la Nación."

Segundo: *"b) El Decreto Presidencial se encuentra en contradicción con el artículo 4 de la Constitución y colide con el carácter universal del sufragio."*

En relación con esta denuncia, la Sala se limitó a indicar que no advertía "violación alguna del contenido del artículo 4 del Título I de la Constitución vigente," pues dicha "disposición ratifica el carácter federal descentralizado de la República Bolivariana de Venezuela, 'en los términos consagrados en esta Constitución.'" Agregó la sala, simplemente que:

"Se sabe que el régimen federal venezolano tiene rasgos particulares que lo alejan de un Estado Federal clásico. Por ejemplo, desde 1945 el Poder Judicial es nacional (no estadal) y en la Carta de 1999 se eliminó el Senado, como Cámara representante de los estados como entidades federativas. Por otra parte, no se advierte en este artículo referencia alguna al carácter universal del sufragio. Así se declara."

Tercero: *"c) Que se desconoce el modelo federal venezolano y se atenta contra el principio de la soberanía popular, prevista en el principio de proporcionalidad poblacional."*

Sobre esta denuncia, la Sala Constitucional insistió en que "no observa del Decreto impugnado una violación al modelo federal venezolano" considerando que el recurrente como fundamento de esta denuncia de violación, para la elección de la Asamblea Constituyente proponía "asumir el itinerario electoral previsto en la Ley Orgánica de Procesos Electorales para las elecciones de los cuerpos colegiados (un concejo municipal, un consejo legislativo estadal o la Asamblea Nacional)," lo que a juicio de la Sala era diferente "por sus propios objetivos" que para "la conformación de un cuerpo o convención constituyente." En este caso, a criterio de la Sala las normas que regulan esta materia "están contenidas en las Bases Comiciales que corresponde presentarlas al convocante," que fueron "objeto de recursos jurisdiccionales y del control del Consejo Nacional Electoral, lo cual se ha dado en similares términos en la presente oportunidad." Y nada más.

Cuarto: *"d) La falta de consulta popular de las Bases Comiciales, por oposición a la consulta por vía "referendaria" de las mismas en el proceso constituyente de 1999."*

Sobre esta denuncia, la Sala simplemente ratificó "lo decido en relación con el recurso de interpretación de los artículos 347 y 348 constitucionales, en su decisión 378/2017, por lo cual resulta inoficiosa pronunciarse de nuevo sobre este punto. Así se declara."

Quinto: *"e) Usurpación de la soberanía popular por la soberanía territorial, al contemplar las bases comiciales inconstitucionales que los constituyentes territoriales representarán a los municipios y no a los ciudadanos."*

En lo referente a esta denuncia la Sala al ratificar que conforme al artículo 5 de la Constitución, el pueblo, titular de la soberanía, la ejerce tanto en forma indirecta, "mediante el sufragio, por los órganos que ejercen el Poder Público," como en forma directa "mediante los medios de participación y protagonismo del pueblo en ejercicio de su soberanía," que se mencionan en el artículo 70 constitucional agregando respecto de "los mecanismos de ejercicio directo de la soberanía [que aún cuando] no exigen en principio el mecanismo del sufragio, en algunos casos es necesario utilizar los comicios, normalmente universales, directos y secretos, en virtud del carácter masivo de algunas comunidades."

Luego agregó la Sala, que estimaba imprescindible advertir:

"que en la democracia directa, que implica la organización de grupos humanos según su especialidad laboral, profesional, su condición social, la necesidad de su especificidad étnica o cultural o la especial protección que requiere una discapacidad física, motora o etaria; hace que el convocante pueda y/o deba resaltar tales circunstancias para que su participación y sus derechos no se "pierdan" en la masa."

Respecto del Estado federal, la Sala Constitucional reiteró su apreciación de que era de carácter particular, a cuyo efecto la Constitución, "al haber eliminado el Senado, ha instrumentado mecanismos para así asegurar en lo posible la igualdad de las entidades territoriales al margen del elemento cuantitativo de la población," lo que no es cierto, argumentando que el artículo 168 constitucional pauta que "cada entidad federal elegirá, además, tres diputados o diputadas" sin tener nada "que ver con la base poblacional" de los Estados, concluyendo que las bases comiciales establecieron "un mecanismo eleccionario particular que pretende una integración de la Asamblea Nacional Constituyente" que además de asegurar la personalización del sufragio:

"garantice una adecuada representación territorial, a los fines de incorporar efectivamente a cada uno de los municipios que integran la República, en atención a su condición de "unidad política primaria de la organización nacional" (artículo 168 *eiusdem*)."

Concluyó la Sala afirmando que en el caso de la Asamblea Constituyente, lo que se ha buscado en las bases comiciales es "la personalización del sufragio y la representación nacional, a través de la unidad política fundamental: el municipio.

Y en cuanto a la "representación sectorial" prevista en las bases comiciales, se limitó a indicar que:

"está en la base de la democracia directa, contemplada en la Constitución y desarrollada por el legislador (ver sentencia N° 355 del 16 de mayo de 2017). Así se declara."

Por supuesto, todas afirmaciones a la ligera sin fundamento ni explicación, y no creíbles, cuando es bien sabido que las Leyes sobre los órganos del Poder Popular han ignorado al Municipio y han establecido en contra de la Constitución que la unidad política primaria son los Consejos Comunales y no los municipios.

Sexto: *"f) Desconocimiento del principio de organización comicial en representación proporcional a la población en base federal y su sustitución por representación territorial municipal."*

Sobre esta denuncia, la Sala Constitucional estimó que en materia de convocatoria de una Asamblea Constituyente, sin consultar al pueblo, "el convocante de la Constituyente tiene la libertad de proponer las "Bases Comiciales," como estime, recurriendo a un absurdo temporal y es afirmar que se aplica el "principio del paralelismo de las formas (en lo que respecta al proceso constituyente de 1999)" cuando aquél proceso se hizo al margen de la Constitución de 1961 y este convocado inconstitucionalmente en 2017 se hace supuestamente siguiendo lo pautado en la Constitución de 1999.

A juicio de la Sala Constitucional, antes de la elección de los constituyentistas lo único que debe verificarse es que las bases comiciales no traspasen los límites contenidos en el artículo 350 de la Constitución, en particular para asegurar:

"la adecuada representación territorial, para que todos los municipios tengan voz y voto y el resultado de la Asamblea no implique la imposición de unos pocos estados cuantitativamente mayoritarios; la participación de sectores representativos de los cuerpos sociales que hagan realidad la democracia directa y los medios de participación y protagonismo del pueblo y de sus integrantes individuales (participación territorial) y comunitarios (participación sectorial)."

Y así, la Sala simplemente dio por buena la representación de los territorios de los municipios y de sectores arbitrariamente definidos, y no de la población que en definitiva es el pueblo (representación poblacional), en una Asamblea Constituyente nada más y nada menos que para reformar el Estado, crear un nuevo ordenamiento jurídico y dictar una nueva Constitución.

Séptimo: *"g) Vicios de desfiguración del principio constitucional de la universabilidad (sic) del sufragio al contemplar la representación sectorial."*

Sobre esto, en la sentencia la Sala Constitucional consideró que las "Bases Comiciales" respetaban "el concepto de la democracia participativa y el sufragio universal, directo y secreto," al facultar "la presencia privilegiada de sectores sociales cuyo protagonismo ha sido destacado por el legislador, en particular a través de las leyes del poder popular," indicando por último que la escogencia de los constituyentistas debe hacerse "<u>en el ámbito territorial y sectorial, mediante el voto universal, directo y secreto</u>" no habiendo a juicio de la Sala, "violación alguna del principio constitucional del sufragio."

Y eso fue todo lo resuelto en la sentencia.

Las bases comiciales formuladas por el Presidente de la República, usurpando la voluntad popular misma, al contrario de lo sostenido por la Sala Constitucional, son violatorias de la Constitución, primero por usurpación de autoridad del pueblo, pues solo el pueblo es el que puede aprobar las bases comiciales para elegir los constituyentes, y siendo la Asamblea Nacional Constituyente un órgano del pueblo, tiene que representar al pueblo de Venezuela en su conjunto. Para ello, el sistema de elección de los constituyentes tienen que asegurar la representación de todo el pueblo, y no hay otra forma de determinar el pueblo que no sea por el número de habitantes, lo que excluye fórmulas de representación territorial, como la "representación de municipios" independientemente de su población; y de "representación sectorial" arbitrariamente establecida, cuando la única admitida en la Constitución e la representación de los pueblos indígenas.

En este caso, una vez más, la Sala Constitucional sin duda tenía instrucciones de cómo debía decidir de acuerdo con lo que había ya decretado el Presidente de la República, y nada más.

Y lo más grave, la Sala terminó decidiendo, no sólo declarar sin lugar el recurso intentando, negándose a impartir justicia, sino declarando de antemano, y *Urbi et Orbi*, la "constitucionalidad" del decreto impugnado con lo cual con ello se anticipó a decir que desecharía en el futuro cualquier otro recurso de nulidad por inconstitucionalidad, así los fundamentos del mismo fueran otros.[112]

Y eso fue precisamente lo que ocurrió con el recurso de nulidad por inconstitucionalidad intentado por la Fiscal General de la República y otros altos funcionarios del Ministerio Público contra el mismo Decreto que estableció las "bases comiciales" de la Constituyente fraudulenta, que la Sala mediante sentencia N° 470 de 27 de junio de 2017[113] declaró inadmisible, precisamente por haber operado la cosa juzgada sentada en dicha sentencia N° 455 de 12 de junio de 2017que ya había "juzgado la constitucionalidad" del Decreto.

New York, 19 /28 de junio de 2017

---

[112] Como lo indicó el profesor Emilio Urbina, recurrente en el caso, haciendo el decreto, "*inmune a cualquier otra acción,*" o sea declarándolo como no controlables por el Poder Judicial. Véase los comentarios a la sentencia en Emilio J. Urbina, "El Apartheid criollo socialista: La interpretación constitucional como creadora de discriminación política. Los efectos de la sentencia 455/2017 de la Sala Constitucional Constituyente," 19 de junio de 2017.

[113] Véase en http://historico.tsj.gob.ve/decisiones/scon/junio/200380-470-27617-2017-17-0665.HTML

Décima primera parte:
LA ESENCIA DE LA PROPUESTA CONSTITUYENTE DE 2017: LA CREACIÓN DEL ESTADO COMUNAL EN SUSTITUCIÓN DEL ESTADO DEMOCRÁTICO Y SOCIAL DE DERECHO Y DE JUSTICIA, COMO TAREA QUE QUEDÓ "PENDIENTE" DESDE 2007

El Decreto N° 2.830 de 1 de mayo de 2017, mediante el cual el Presidente de la República convocó inconstitucionalmente una Asamblea Nacional Constituyente, entre los "objetivos programáticos" que le definió a la misma, hay dos con redacción ampulosa, que apuntaron directamente a la necesidad de reformar la Constitución para reforma el Estado, establecer un nuevo orden jurídico y dictar una nueva Constitución, que fueron los siguientes:

"3. Constitucionalizar las Misiones y Grandes Misiones Socialistas, desarrollando el Estado democrático, social, de derecho y de justicia, hacia un Estado de Suprema felicidad Social, con el fin de preservar y ampliar el legado del Comandante Hugo Chávez, en materia de pleno goce y ejercicio de los derechos sociales para nuestro país."

"5. Constitucionalización de las nuevas formas de la democracia participativa y [protagónica, a partir del reconocimiento de los nuevos sujetos del Poder Popular, tales como las Comunas y los Consejos Comunales, Consejos de Trabajadoras y Trabajadores, entre otras formas de organización de base territorial y social de la población."

Estos "objetivos programáticos" que se le fijaron a la Asamblea Nacional Constituyente no son otra cosa que una "reedición" de la propuesta de reforma constitucional que el Presidente Chávez formuló en 2007 para la creación de un Estado Socialista, Centralizado y Militarista,[114] y que fue rechazada por votación popular en el referendo que tuvo lugar el 2 de diciembre de 2007; y que en fraude a la voluntad popular se ha venido implementando en forma ilegítima e inconstitucional, mediante leyes y decretos leyes[115] e, incluso, mediante "interpretaciones constituciona-

---

114 Véase Allan R. Brewer-Carías, "Estudio sobre la propuesta presidencial de reforma constitucional para la creación de un Estado Socialista, Centralizado y Militarista en Venezuela (análisis del anteproyecto presidencial, agosto 2007," en *Anuario da Facultade de Dereito da Universidade da Coruña, Revista jurídica interdisciplinaria internacional*, Con. 12, La Coruña 2008, pp. 87-125; "La proyectada reforma constitucional de 2007, rechazada por el poder constituyente originario", en *Anuario de Derecho Público 2007*, Año 1, Instituto de Estudios de Derecho Público de la Universidad Monteávila, Caracas 2008, pp. 17-65; "La reforma constitucional en Venezuela de 2007 y su rechazo por el poder constituyente originario", en *Revista Peruana de Derecho Público*, Año 8, N° 15, Lima, Julio-Diciembre 2007, pp. 13-53; "El sello socialista que se pretendía imponer al Estado", en *Revista de Derecho Público*, N° 112, Editorial Jurídica Venezolana, Caracas 2007, pp. 71-76; "Estudio sobre la propuesta presidencial de reforma constitucional para la creación de un Estado Socialista, Centralizado y Militarista en Venezuela (Agosto 2007", *Revista de Derecho Público*", N° 111, (julio-septiembre 2007), Editorial Jurídica Venezolana, Caracas 2007, pp. 7-42; "Estudio sobre la propuesta de Reforma Constitucional para establecer un Estado Socialista, Centralizado y Militarista (Análisis del Anteproyecto Presidencial, Agosto de 2007)", *Cadernos da Escola de Direito e Relações Internacionais da UniBrasil*, N° 07, Curitiba, 2007; "Hacia creación de un Estado socialista, centralizado y militarista en Venezuela (2007)", *Revista de Derecho Político*, N° 70, Madrid, septiembre-diciembre 2007, pp. 381-432. Igualmente véase lo que expuse en Allan R. Brewer-Carías, *Hacia la consolidación de un Estado socialista, centralizado, policial y militarista*. Comentarios sobre el sentido y alcance de las propuestas de reforma constitucional 2007, Colección Textos Legislativos, No. 42, Editorial Jurídica Venezolana, Caracas 2007; *La reforma constitucional de 2007 (Comentarios al proyecto inconstitucionalmente sancionado por la Asamblea Nacional el 2 de noviembre de 2007)*, Colección Textos Legislativos, N° 43, Editorial Jurídica Venezolana, Caracas 2007.

115 Véanse los trabajos de Lolymar Hernández Camargo, "Límites del poder ejecutivo en el ejercicio de la habilitación legislativa: Imposibilidad de esta-

les" emitidas solícitamente por la Sala Constitucional en muchos casos a petición del propio Ejecutivo Nacional.[116]

Entre esos objetivos está, en primer lugar, el establecimiento de un Estado Socialista Centralizado, como se propuso en 2007,[117] pues como dijo el mismo Presidente Chávez en 2007, "así como el candidato Hugo Chávez repitió un millón de veces en 1998, 'Vamos a Constituyente', el candidato Presidente Hugo Chávez [en 2006] dijo: 'Vamos al Socialismo', [agregando que a su juicio] todo el que votó por el candidato Chávez, votó por ir al socialismo".[118] Por ello, el Anteproyecto de Constitución que presentó en 2007 ante la Asamblea Nacional fue para "la construcción del socialismo Bolivariano, el socialismo venezolano, nuestro socialismo, nuestro modelo socialista",[119] cuyo "núcleo básico e indivisible" era "la comunidad", "donde los ciudadanos

---

blecer el contenido de la reforma constitucional rechazada vía habilitación legislativa," en *Revista de Derecho Público*, N° 115 *(Estudios sobre los Decretos Leyes)*, Editorial Jurídica venezolana, Caracas 2008, pp. 51 ss.; Jorge Kiriakidis, "Breves reflexiones en torno a los 26 Decretos-Ley de Julio-Agosto de 2008, y la consulta popular refrendaría de diciembre de 2007", *Idem,* pp. 57 ss.; y José Vicente Haro García, Los recientes intentos de reforma constitucional o de cómo se está tratando de establecer una dictadura socialista con apariencia de legalidad (A propósito del proyecto de reforma constitucional de 2007 y los 26 decretos leyes del 31 de julio de 2008 que tratan de imponerla)", *Idem*, pp. 63 ss.

116 Véase Allan R. Brewer-Carías, "¿Reforma constitucional o mutación constitucional?: La experiencia venezolana." en *Revista de Derecho Público,* N° 137 (Primer Trimestre 2014, Editorial Jurídica Venezolana, Caracas 2014, pp.19-65.

117 Véase *Discurso de Orden pronunciado por el ciudadano Comandante Hugo Chávez Frías, Presidente Constitucional de la República Bolivariana de Venezuela en la conmemoración del Ducentésimo Segundo Aniversario del Juramento del Libertador Simón Bolívar en el Monte Sacro y el Tercer Aniversario del Referendo Aprobatorio de su mandato constitucional*, Sesión especial del día miércoles, 15 de agosto de 2007, Asamblea Nacional, División de Servicio y Atención Legislativa, Sección de Edición, Caracas, 2007.

118 *Idem*, p. 4.

119 Véase *Discurso de Orden pronunciado por el ciudadano Comandante Hugo Chávez Frías … cit.,* p. 34.

y las ciudadanas comunes, tendrán el poder de construir su propia geografía y su propia historia".[120] Y todo ello bajo la premisa de que "sólo en el socialismo será posible la verdadera democracia",[121] pero, por supuesto, una "democracia" sin representación que, como lo propuso Chávez y fue sancionado por la Asamblea Nacional en la rechazada reforma del artículo 136 de la Constitución, "no nace del sufragio ni de elección alguna, sino que nace de la condición de los grupos humanos organizados como base de la población". Es decir, se lo que se buscaba entonces, y ahora se busca con esta nueva propuesta de Asamblea Nacional Constituyente, es establecer una "democracia" que no es democracia, pues en el mundo moderno no hay ni ha habido democracia sin elección de representantes.

Todas esas propuestas de entonces rechazadas por el pueblo en diciembre de 2007, las resumió el Presidente Chávez en su Discurso del 15 de agosto de 2007, así:

"en el terreno político, profundizar la democracia popular bolivariana; en el terreno económico, preparar las mejores condiciones y sembrarlas para la construcción de un modelo económico productivo socialista, nuestro modelo, lo mismo en lo político, la democracia socialista; en lo económico, el modelo productivo socialista; en el campo de la Administración Pública, incorporar novedosas figuras para aligerar la carga, pa-

---

120 *Idem*, p. 32.
121 *Idem*, p. 35. Estos conceptos se recogieron igualmente en la *Exposición de Motivos* para la Reforma Constitucional, Agosto 2007, donde se expresa la necesidad de "ruptura del modelo capitalista burgués" (p. 1), de "desmontar la superestructura que le da soporte a la producción capitalista" (p. 2); de "dejar atrás la democracia representativa para consolidar la democracia participativa y protagónica" (p. 2); de "crear un enfoque socialista nuevo" (p. 2) y "construir la vía venezolana al socialismo" (p. 3); de producir "el reordenamiento socialista de la geopolítica de la Nación" (p. 8); de la "construcción de un modelo de sociedad colectivista" y "el Estado sometido al poder popular" (p. 11); de "extender la revolución para que Venezuela sea una República socialista, bolivariana", y para "construir la vía venezolana al socialismo; construir el socialismo venezolano como único camino a la redención de nuestro pueblo" (p. 19).

ra dejar atrás el burocratismo, la corrupción, la ineficiencia administrativa, cargas pesadas del pasado, que todavía tenemos encima como rémoras, como fardos en lo político, en lo económico, en lo social.[122]

Esta reforma, por supuesto, y de allí que se convoque ahora inconstitucionalmente una Asamblea Constituyente, toca las bases fundamentales del Estado, en particular, en relación con la ampliación constitucional de la propuesta de crear un Estado Socialista en sustitución del Estado democrático y social de Derecho; y con la eliminación de la descentralización como política de Estado, supuestamente en aras de promover una participación política protagónica del pueblo, pero sin libertad alguna, encadenada en un sistema de centralización del poder.

En ese contexto, tanto en 2007 como ahora, según se infiere de las "bases programáticas" de la Asamblea Constituyente inconstitucionalmente convocada, lo que se pretende es crear las comunas, los consejos comunales y de trabajadores como el núcleo territorial básico del Estado Socialista como supuestos medios de participación y protagonismo del pueblo y para la construcción colectiva y cooperativa de una economía socialista; barriendo de la Constitución toda idea de descentralización como organización y política pública, de autonomía territorial y de democracia representativa a nivel local, y por tanto, de la posibilidad de existencia de entidades políticas autónomas como los Estados y Municipios, sustituyendo a éstos por los Consejos del Poder Popular como formas de agregación comunitaria controlados desde el Poder central, pero sin democracia representativa alguna, sino sólo como supuesta expresión de democracia directa.[123]

---

122 *Idem*, p. 74.
123 Como Chávez lo indicó en 2007: se trataba del "desarrollo de lo que nosotros entendemos por descentralización, porque el concepto cuartorepublicano de descentralización es muy distinto al concepto que nosotros debemos manejar. Por eso incluimos aquí la participación protagónica, la transferencia del poder y crear las mejores condiciones para la construcción

En ese esquema entonces y ahora, lo que se propone es la eliminación de la democracia representativa a nivel local que exige conforme a la Constitución de 1999 que todos los titulares de los órganos del poder público tengan siempre su origen en elección popular.

Esa democracia representativa, por supuesto, no se opone a democracia participativa; pero en forma alguna ésta puede pretender sustituir a aquélla, particularmente porque participar es sólo posible cuando, mediante la descentralización, se crean autoridades locales autónomas cerca del ciudadano, en los niveles territoriales más pequeños, lo que implica desparramar el poder.

Este sistema democrático es contrario a la concentración del poder y al centralismo, que es lo que se buscaba encubrir con la falacia de la supuesta "participación protagónica",[124] en un régimen autoritario, centralizador y concentrador del poder que impedirá la efectiva participación política, al eliminarse los entes territoriales descentralizados políticamente, sin los cuales no puede haber, efectivamente, democracia participativa. En ese esquema que se propone "constitucionalizar" los Consejos del Poder Popular no serán más de lo que son, es decir, una simple manifestación de movilización controlada desde el poder central, que es lo que ha ocurrido, precisamente, con los Consejos Co-

---

de la democracia socialista." Véase *Discurso de Orden pronunciado por el ciudadano Comandante Hugo Chávez Frías....*, *cit.*, p. 5.

124 En la *Exposición de Motivos del Proyecto de Reforma Constitucional presentado por el Presidente de la República*, en agosto 2007, se lee que el Poder Popular "es la más alta expresión del pueblo para la toma de decisiones en todos sus ámbitos (político, económico, social, ambiental, organizativo, internacional y otros) para el ejercicio pleno de su soberanía. Es el poder constituyente en movimiento y acción permanente en la construcción de un modelo de sociedad colectivista de equidad y de justicia. Es el poder del pueblo organizado, en las más diversas y disímiles formas de participación, al cual está sometido el poder constituido. No se trata del poder del Estado, es el Estado sometido al poder popular. Es el pueblo organizado y organizando las instancias de poder que decide las pautas del orden y metabolismo social y no el pueblo sometido a los partido políticos, a los grupos de intereses económicos o a una particularidad determinada", *op. cit*, p. 11.

munales desde su creación por Ley en 2006,[125] cuyos miembros no son electos mediante sufragio, sino designados por asambleas de ciudadanos controladas por el propio Poder Ejecutivo Nacional. Ello es lo que se perseguía con la rechazada reforma constitucional de 2007, que ahora se quiere reeditar, previéndose expresamente que los integrantes de los diversos Consejos del Poder Popular no nacían "del sufragio ni de elección alguna, sino que nacen de la condición de los grupos humanos organizados como base de la población."

Por otra parte, no es posible concebir un esquema de supuesta participación protagónica del pueblo si solo es para la construcción del socialismo, como se propone en las "bases programáticas." Ello es lo contrario a lo previsto en el artículo 62 de la Constitución de 1999, que habla del derecho "de *participar libremente* en los asuntos públicos, directamente o por medio de sus representantes elegidos o elegidas", refiriéndose a "la participación del pueblo en la formación, ejecución y control de la gestión pública" como "el medio necesario para lograr el protagonismo que garantice su completo desarrollo, tanto individual como colectivo", a través de los mecanismos de participación enumerados en el artículo 70.

Con la rechazada reforma constitucional de 2007, que se quiera ahora reeditar, dichos medios de participación política, entre los cuales están los Consejos del Poder Popular, los mismos en ningún caso son "libres" pues quedan reducidos a "la construcción del socialismo," siendo en definitiva excluyentes y discriminatorios.

Por otra parte, otro de los aspectos esenciales de la reforma constitucional rechazada de 2007 que ahora se busca reeditar en 2017, fue el vaciamiento total de la forma de organización federal del Estado, con la eliminación de la previsión constitucional que garantiza la autonomía de los Estados y Municipios.

---

125 Véanse los comentarios sobre ello en Allan R. Brewer-Carías *et al*, *Ley Orgánica del Poder Público Municipal*, Caracas, Editorial Jurídica Venezolana, 2007, pp. 75 y ss.

En un Estado centralizado del Poder Popular como el propuesto en 2007 y que ahora se quiere reeditar, no hay posibilidad de que existan entidades políticas territoriales (Estados y Municipios), con autoridades electas mediante sufragio directo, universal y secreto. Por ello no fue más que una falacia más que la Presidenta del Consejo Nacional Electoral anunciara el 16 de mayo de 2017 que habría elecciones regionales de gobernadores a finales de 2017. Si se realiza la Asamblea Constituyente, eliminada la elección directa, y la autonomía de los Estados resultará imposible que haya elecciones regionales.

Por otra parte, en cuanto a los Municipios, con la reforma de 2007, que ahora se quiere reeditar, los mismos perdían su carácter de unidad política primaria en la organización nacional, como lo indica la Constitución, trasladándose esa condición a las comunas, como las células sociales del territorio, conformadas por las "comunidades", como el núcleo territorial básico e indivisible del Estado Socialista.

Con la rechazada propuesta de reforma constitucional de 2007, que ahora se busca reeditar, en definitiva, lo que se buscaba era eliminar la distribución vertical del Poder Público entre el Poder Municipal, el Poder Estatal y el Poder Nacional (art. 136), cada uno con su grado de autonomía, sus autoridades electas mediante sufragio directo y universal, y sus respectivas competencias; y sustituirlo por un esquema centralizado de un denominado Poder Popular," con la advertencia expresa como se concibió en 2007, de que dicho "Poder Popular no nace del sufragio ni de elección alguna, sino que nace de la condición de los grupos humanos organizados como base de la población," mediante un agregado de consejos organizados en forma piramidal y de designación de sus directivas mediante elecciones indirectas.

Otro aspecto que debe mencionarse respecto de la propuesta de "constitucionalizar" determinados temas con la convocatoria de una Asamblea Nacional Constituyente para reformar el Estado, tiene relación con lo expresado en el "objetivo programático" tercero del decreto Nº 2830 de 1 de mayo de 2017, en relación con las Misiones y Grandes Misiones.

Ello es, también, una reedición de lo propuesto por el Presidente Chávez en 2007, de reforma del artículo 141 de la Constitución de 1999 sobre la Administración Pública del Estado, eliminando el principio de que la Administración Pública, como una universalidad de órganos y entes, debe estar siempre al servicio de los ciudadanos, planteando al contrario que lo que debía es estar al servicio del Estado, como estructuras organizativas destinadas a servir de instrumento a los poderes públicos para el ejercicio de sus funciones, y para la prestación de los servicios".

Por otra parte, en la reforma rechazada de 2007, también se quiso "constitucionalizar" a las Misiones, dándosele una nueva redacción del artículo 141 de la Constitución, fragmentándose a la Administración Pública, al "clasificarla" en dos grupos: por una parte "las administraciones públicas burocráticas o tradicionales, que son las que atienden a las estructuras previstas y reguladas en esta Constitución"; y por la otra "las misiones, constituidas por organizaciones de variada naturaleza, creadas para atender a la satisfacción de las más sentidas y urgentes necesidades de la población, cuya prestación exige de la aplicación de sistemas excepcionales, e incluso, experimentales, los cuales serán establecidos por el Poder Ejecutivo mediante reglamentos organizativos y funcionales".

Ahora, al querer constitucionalizarse las misiones mediante una Asamblea Nacional Constituyente, lo que se pretende es reeditar la reforma constitucional rechazada de 2007, que en lugar de corregir el descalabro administrativo que se ha producido en los últimos años por la indisciplina presupuestaria derivada de fondos asignados a programas específicos del gobierno denominados "misiones," concebidos fuera de la organización general del Estado, lo que busca es constitucionalizar el desorden administrativo.

Lo anterior es lo que se puede deducir de los "objetivos programáticos" que se le han fijado a la Asamblea Nacional Constituyente convocada inconstitucionalmente en 2017, siguiendo los lineamientos ya formulados en 2007, en la propuesta de reforma constitucional que fue rechazada por el pueblo.

TEXTOS DE LOS DECRETOS SOBRE LA ASAMBLEA NACIONAL CONSTITUYENTE

Decreto Nº 2.830 01 de mayo de 2017

(*Gaceta Oficial* Nº 6.295 Extraordinario de 1 de mayo de 2017)

NICOLÁS MADURO MOROS
Presidente de la República

En uso de la facultad que me confiere el artículo 348 de la Constitución de la República Bolivariana de Venezuela, en concordancia con los artículos 70, 236 numeral 1 y 347 *ejusdem*, con la bendición de Dios Todopoderoso, e inspirado en la grandiosa herencia histórica de nuestros antepasados aborígenes, héroes y heroínas independentistas, en cuya cúspide está el Padre de la Patria, El Libertador Simón Bolívar, y con la finalidad primordial de garantizar la preservación de la paz del país ante las circunstancias sociales, políticas y económicas actuales, en las que severas amenazas internas y externas de factores antidemocráticos y de marcada postura antipatria se ciernen sobre su orden constitucional, considero un deber histórico ineludible convocar una **ASAMBLEA NACIONAL CONSTITUYENTE**, tomando como fundamento el proceso popular constituyente, Legado del Comandante Hugo Chávez, y la Constitución pionera y fundacional de 1999, para que nuestro pueblo, como Poder Constituyente Originario, exprese su férrea voluntad y máxima garantía de defensa de los sagrados derechos y logros sociales conquistados, y que durante mi mandato he luchado por sostener y profundizar. Por lo que propongo como objetivos programáticos de la Asamblea Nacional Constituyente:

1. La paz como necesidad, derecho y anhelo de la nación, el proceso constituyente es una gran convocatoria a un diálogo nacional para contener la escalada de violencia política, mediante el reconocimiento político mutuo y de una reorganización del Estado, que recupere el principio constitucional de cooperación entre los poderes públicos, como garantía del pleno funcionamiento del Estado democrático, social, de derecho y de justicia, superando el actual clima de impunidad.

2. El perfeccionamiento del sistema económico nacional hacia la Venezuela Potencia, concibiendo el nuevo modelo de la economía post petrolera, mixta, productiva, diversificada, integradora, a partir de la creación de nuevos instrumentos que dinamicen el desarrollo de las fuerzas productivas, así como la instauración de un nuevo modelo de distribución transparente que satisfaga plenamente las necesidades de abastecimiento de la población.

3. Constitucionalizar las Misiones y Grandes Misiones Socialistas, desarrollando el Estado democrático, social, de derecho y de justicia, hacia un Estado de la Suprema Felicidad Social, con el fin de preservar y ampliar el legado del Comandante Hugo Chávez, en materia del pleno goce y ejercicio de los derechos sociales para nuestro pueblo.

4. La ampliación de las competencias del Sistema de Justicia, para erradicar la impunidad de los delitos, especialmente aquellos que se cometen contra las personas (homicidios, secuestro, extorsión, violaciones, violencia de género y contra niños y niñas); así como de los delitos contra la Patria y la sociedad tales como la corrupción; el contrabando de extracción; la especulación; el terrorismo; el narcotráfico; la promoción del odio social y la injerencia extranjera.

5. Constitucionalización de las nuevas formas de la democracia participativa y protagónica, a partir del reconocimiento de los nuevos sujetos del Poder Popular, tales como las Comunas y Consejos Comunales, Consejos de Trabajadores y Trabajadoras, entre otras formas de organización de base territorial y social de la población.

6. La defensa de la soberanía y la integridad de la nación y protección contra el intervencionismo extranjero, ampliando las competencias del Estado democrático, social, de derecho y de justicia para la preservación de la seguridad ciudadana, la garantía del ejercicio integral de los derechos humanos, la defensa de la independencia, la paz, la inmunidad, y la soberanía política, económica y territorial de Venezuela. Así como la promoción de la consolidación de un mundo pluripolar y multicéntrico que garantice el respeto al derecho y a la seguridad internacional.

7. Reivindicación del carácter pluricultural de la Patria, mediante el desarrollo constitucional de los valores espirituales que nos permitan reconocernos como venezolanos y venezolanas, en nuestra diversidad étnica y cultural como garantía de convivencia pacífica en el presente y hacia el porvenir, vacunándonos contra el odio social y racial incubado en una minoría de la sociedad.

8. La garantía del futuro, nuestra juventud, mediante la inclusión de un capítulo constitucional para consagrar los derechos de la juventud, tales como el uso libre y consciente de las tecnologías de información; el derecho a un trabajo digno y liberador de sus creatividades, la protección a las madres jóvenes; el acceso a una primera vivienda; y el reconocimiento a la diversidad de sus gustos, estilos y pensamientos, entre otros.

9. La preservación de la vida en el planeta, desarrollando constitucionalmente, con mayor especificidad los derechos soberanos sobre la protección de nuestra biodiversidad y el desarrollo de una cultura ecológica en nuestra sociedad.

Invoco al Poder Constituyente Originario, para que con su profundo espíritu patriótico, conforme una Asamblea Nacional

Constituyente que sea tribuna participativa y protagónica de toda de nuestra sociedad, donde se exprese la voz de los más diversos sectores sociales. Una Asamblea Nacional Constituyente, cuya conformación obedezca a la estructura geopolítica del Estado Federal y Descentralizado, con base en la unidad política primaria de la organización territorial que nuestra Carta Magna consagra.

Es deber de la Asamblea Nacional Constituyente Originaria, garantizar el Estado Social de Derecho y de Justicia, así como canalizar el clamor popular de quienes hoy exigen que sus derechos, logros y conquistas gocen del rango constitucional, a cuyo nivel, sin duda alguna, deben ser elevados, perfeccionando el modelo de desarrollo humanista, político, jurídico y económico que está contenido y consagrado en nuestra Carta Magna, por todas estas razones históricas y con el más sagrado compromiso moral y amoroso que le guardo al pueblo venezolano, tomo la iniciativa constitucional y exclusiva de convocar, en Consejo de Ministros:

DECRETO

Artículo 1º. En ejercicio de las atribuciones que me otorga la Constitución de la República Bolivariana de Venezuela, en su artículo 348 y fundamentado en los artículos 70, 236 numeral 1 y 347 *ejusdem*, CONVOCO UNA ASAMBLEA NACIONAL CONSTITUYENTE, ciudadana y de profunda participación popular, para que nuestro Pueblo, como depositario del Poder Constituyente Originario, con su voz suprema, pueda decidir el futuro de la Patria, reafirmando los principios de independencia, soberanía, igualdad, paz, democracia participativa y protagónica, multiétnica y pluricultural.

Artículo 2º. Los y las integrantes de la Asamblea Nacional Constituyente Originaria serán elegidos o elegidas en los ámbitos sectoriales y territoriales, bajo la rectoría del Consejo Nacional Electoral, mediante el voto universal, directo y secreto; con el interés supremo de preservar y profundizar los valores constitucionales de libertad, igualdad, justicia e inmunidad de la República y autodeterminación del pueblo.

Dado en Caracas, al primer día del mes de mayo de dos mil diecisiete. Años 207° de la Independencia, 158° de la Federación y 18° de la Revolución Bolivariana

Ejecútese,

(L.S.)

NICOLÁS MADURO MOROS

Refrendado

El Vicepresidente Ejecutivo de la República y Primer Vicepresidente del Consejo de Ministros,

TARECK EL AISSAMI MADDAH

La Encargada del Ministerio del Poder Popular del Despacho de la Presidencia y Seguimiento de la Gestión de Gobierno y Vicepresidenta Sectorial de Soberanía Política, Seguridad y Paz,

CARMEN TERESA MELÉNDEZ RIVAS

La Ministra del Poder Popular para Relaciones Exteriores,

DELCY ELOÍNA RODRÍGUEZ GÓMEZ

El Ministro del Poder Popular para Relaciones Interiores, Justicia y Paz,

NÉSTOR LUIS REVEROL TORRES

El Ministro del Poder Popular para la Defensa,

VLADIMIR PADRINO LÓPEZ

El Ministro del Poder Popular para la Comunicación e Información,

ERNESTO EMILIO VILLEGAS POLJAK

El Ministro del Poder Popular de Economía y Finanzas y Vicepresidente Sectorial de Economía,

RAMÓN AUGUSTO LOBO MORENO

El Ministro del Poder Popular para Industrias Básicas, Estratégicas y Socialistas,

JUAN BAUTISTA ARIAS PALACIO

El Ministro del Poder Popular para el Comercio Exterior e Inversión Internacional,

JESÚS GERMÁN FARÍA TORTOSA

El Ministro del Poder Popular para la Agricultura Productiva y Tierras,

WILMAR ALFREDO CASTRO SOTELDO

La Ministra del Poder Popular de Agricultura Urbana,

ÉRIKA DEL VALLE FARÍAS PEÑA

El Ministro del Poder Popular de Pesca y Acuicultura,

GILBERTO AMILCAR PINTO BLANCO

El Ministro del Poder Popular para la Alimentación,

RODOLFO CLEMENTE MARCOS TORRES

La Ministra del Poder Popular para el Turismo,

MARLENY JOSEFINA CONTRERAS HERNÁNDEZ

El Ministro del Poder Popular de Petróleo,

NELSON PABLO MARTÍNEZ

El Ministro del Poder Popular de Desarrollo Minero Ecológico,

JORGE A. ARREAZA MONTSERRAT

El Ministro del Poder Popular de Planificación y Vicepresidente Sectorial de Planificación,

RICARDO JOSÉ MENÉNDEZ PRIETO

La Ministra del Poder Popular para la Salud,

ANTONIETA EVELÍN CAPORALE ZAMORA

La Encargada del Ministerio del Poder Popular para los Pueblos Indígenas,

ALOHA JOSELYN NÚÑEZ GUTIÉRREZ

La Encargada del Ministerio del Poder Popular para la Mujer y la Igualdad de Género,

BLANCA ROSA EEKHOUT GÓMEZ

El Ministro del Poder Popular para la Juventud y el Deporte,

MERVIN ENRIQUE MALDONADO URDANETA

La Ministra del Poder Popular para el Servicio Penitenciario,
MARÍA IRIS VARELA RANGEL

El Ministro del Poder Popular para el Proceso Social de Trabajo,
FRANCISCO ALEJANDRO TORREALBA OJEDA

El Ministro del Poder Popular para la Cultura,
ADÁN COROMOTO CHÁVEZ FRÍAS

El Ministro del Poder Popular para la Educación y Vicepresidente Sectorial para el Desarrollo Social y la Revolución de las Misiones,
ELÍAS JOSÉ JAUA MILANO

El Ministro del Poder Popular para la Educación Universitaria, Ciencia y Tecnología,
HUGBEL RAFAEL ROA CARUCI

El Ministro del Poder Popular para Ecosocialismo y Aguas,
RAMÓN CELESTINO VELÁSQUEZ ARAGUAYAN

El Ministro del Poder Popular para Hábitat y Vivienda,
MANUEL SALVADOR QUEVEDO FERNÁNDEZ

El Ministro del Poder Popular para las Comunas y los Movimientos Sociales y Vicepresidente Sectorial de Desarrollo del Socialismo Territorial,
ARISTÓBULO IZTÚRIZ ALMEIDA

El Ministro del Poder Popular para Transporte y Vicepresidente Sectorial de Obras Públicas y Servicios,
RICARDO ANTONIO MOLINA PEÑALOZA

El Ministro del Poder Popular de Obras Públicas,
CÉSAR ALBERTO SALAZAR COLL

El Ministro del Poder Popular para la Energía Eléctrica,
LUIS ALFREDO MOTTA DOMÍNGUEZ

El Ministro de Estado para la Nueva Frontera de Paz,
GERARDO JOSÉ IZQUIERDO TORRES

Decreto N° 2.878   **23 de mayo de 2017**

(*Gaceta Oficial* **N° 41.156 del 23 de mayo de 2017**)

NICOLÁS MADURO MOROS
Presidente de la República

Con la bendición de Dios Todopoderoso, e inspirado en la grandiosa herencia histórica de nuestros antepasados aborígenes, héroes y heroínas independentistas, en cuya cúspide está el Padre de la Patria, El Libertador Simón Bolívar, y con la finalidad primordial de garantizar la preservación de la paz del País ante las circunstancias sociales, políticas y económicas actuales, en las que severas amenazas internas y externas de factores antidemocráticos y de marcada postura antipatria se ciernen sobre su orden constitucional con el supremo compromiso y voluntad de lograr la mayor eficacia política y calidad revolucionaria en la construcción del socialismo, la refundación de la Nación venezolana, basado en principios humanistas, sustentado en condiciones morales y éticas que persiguen el progreso de la patria de conformidad con el artículo 226 de la Constitución de la República Bolivariana de Venezuela, en ejercicio de las atribuciones conferidas un los numerales 1 y 2 del artículo 236 en concordancia con lo establecido en los artículos 5 y 22 ejusdem, tomando como fundamento el proceso popular constituyente, Legado del Comandante Hugo Chávez, y la Constitución pionera y fundacional de 1999, para que nuestro pueblo, como Poder Constituyente Originario, exprese su férrea voluntad y máxima garantía de defensa de los sagrados derechos y logros sociales conquistados, y que durante mi mandato he luchado por sostener y profundizar,

CONSIDERANDO

Que el Presidente de la República Bolivariana de Venezuela, haciendo uso de las facultades conferidas en la Constitución de la República Bolivariana de Venezuela, de acuerdo a los artículos 347, 348 y 70, norma suprema y fundamental que prevé y organiza sus propios procesos de transformación democrática y participativa y expresan el Poder Constituyente Originario, convocó a una Asamblea Nacional Constituyente, para que el pueblo de Venezuela manifieste su férrea voluntad, con la finalidad primordial de garantizar la preservación de la paz del país ante las circunstancias sociales, políticas y económicas actuales, que implican un proceso de feroz agresión imperialista, la promoción, por parte de sectores minoritarios de la población, del odio racial y social, la violencia como forma de expresión política y el intento de instrumentar un plan que atenta contra el derecho a la paz de todas y de todos,

CONSIDERANDO

Que corresponde al Presidente de la República Bolivariana de Venezuela, en su cualidad de convocante, proponer las bases comiciales territoriales y sectoriales, consultada con los más amplios sectores del país, sobre las cuales se llevará a cabo la convocatoria, conformación y funcionamiento de la Asamblea Nacional Constituyente, garantizando los principios de participación directa y democrática establecidos en la Constitución de la República Bolivariana de Venezuela.

DECRETO

LAS BASES COMICIALES PARA LA ASAMBLEA NACIONAL CONSTITUYENTE, CONVOCADA SEGÚN EL DECRETO N° 2.830 DE FECHA 01 DE MAYO DE 2017, PUBLICADO EN LA GACETA OFICIAL DE LA REPÚBLICA BOLIVARIANA DE VENEZUELA N° 6.295 EXTRAORDINARIO DE LA MISMA FECHA

PRIMERO.- Los integrantes de la Asamblea Nacional Constituyente serán elegidos y elegidas en el ámbito territorial y sectorial, mediante el voto universal, directo y secreto, sin perjuicio de los y las integrantes de los pueblos indígenas que serán elegidos y elegidas de acuerdo a sus costumbres y prácticas ancestrales, amparados por los artículos 119 y 125 de la Constitución de la República Bolivariana de Venezuela. Los sectores comprenden: 1) Trabajadores y Trabajadoras. 2) Campesinos y Campesinas y Pescadores y Pescadoras. 3) Los y las Estudiantes. 4) Personas con discapacidad. 5) Pueblos Indígenas. 6) Pensionados y Pensionadas. 7) Empresarios y Empresarias. 8) Comunas y Consejos Comunales.

SEGUNDO.- La Asamblea Nacional Constituyente estará integrada por trescientos sesenta y cuatro (364) miembros escogidos territorialmente; ocho (8) electos por los pueblos indígenas; se elegirán también Constituyentes Sectoriales cuyo número se obtendrá del cociente entre el registro electoral de cada sector y el factor obtenido para calcular las y los Constituyentes Territoriales, esto es una o un (1) Constituyente Sectorial por cada ochenta y tres mil (83.000) electores del registro electoral sectorial. La Asamblea Nacional Constituyente tendrá una conformación unicameral y solo se elegirán representantes principales.

TERCERO.- En el ámbito territorial se producirá la elección de trescientos sesenta y cuatro (364) Constituyentes a la Asamblea Nacional Constituyente, conforme a la siguiente distribución: un o una (1) Constituyente por cada Municipio del País que será electo o electa de forma nominal de acuerdo al principio de representación mayoritario, y dos (2) Constituyentes en los Municipios Capitales, que serán electos o electas mediante la modalidad lista, de acuerdo al principio de representación proporcional. En el Municipio Libertador de Caracas, Capital de la República Bolivariana de Venezuela y el asiento de los órganos del Poder Nacional, se escogerán siete (7) Constituyentes mediante la modalidad lista de acuerdo al principio de representación proporcional.

CONSTITUYENTES TERRITORIALES POR MUNICIPIO				
ENTIDADES	N° DE MUNICIPIOS POR ENTIDAD	NOMINAL	LISTA	TOTAL
DISTRITO CAPITAL	1		7	7
ANZOÁTEGUI	21	20	2	22
APURE	7	6	2	8
ARAGUA	18	17	2	19
BARINAS	12	11	2	13
BOLÍVAR	11	10	2	12
CARABOBO	14	13	2	15
COJEDES	9	8	2	10
FALCÓN	25	24	2	26
GUÁRICO	15	14	2	16
LARA	9	8	2	10
MÉRIDA	23	22	2	24
MIRANDA	21	20	2	22
MONAGAS	13	12	2	14
NUEVA ESPARTA	11	10	2	12
PORTUGUESA	14	13	2	15
SUCRE	15	14	2	16
TÁCHIRA	29	28	2	30
TRUJILLO	20	19	2	21
YARACUY	14	13	2	15
ZULIA	21	20	2	22
AMAZONAS	7	6	2	8
DELTA AMACURO	4	3	2	5
VARGAS	1		2	2
TOTAL	335	311	53	364

PARÁGRAFO ÚNICO: Los pueblos indígenas estarán representados por ocho (8) Constituyentes electos o electas de acuerdo a la previsión reglamentaria que al efecto dicte el Consejo Nacional Electoral, y tomando como base el mismo mecanismo de respeto a sus costumbres y prácticas ancestrales, de la misma manera que se realizó para escoger los y las representantes de los pueblos indígenas en la Asamblea Nacional Constituyente de 1999 y en consideración a los artículos 119 y 125 de la Constitución de la República Bolivariana de Venezuela. El derecho de participación aquí previsto atenderá a la pluralidad de pueblos indígenas existentes en las distintas regiones del País.

CUARTO.- En el ámbito sectorial se producirá la elección conforme a la siguiente distribución:

Los Campesinos y Campesinas y Pescadores y Pescadoras; las Personas con Discapacidad; los Empresarios y Empresarias, Los Pensionados y Pensionadas; los y las Estudiantes y los Trabajadores y Trabajadoras, serán electos y electas en listas nacionales de acuerdo al principio de representación mayoritario; y los representantes y las representantes de Comunas y Consejos Comunales, se escogerán regionalmente de acuerdo al principio de representación mayoritaria.

QUINTO.- El Consejo Nacional Electoral deberá solicitar los registros de los sectores a las instituciones oficiales, gremios y asociaciones, debidamente establecidos. La información correspondiente al sector de las trabajadoras y trabajadores deberá solicitarla de acuerdo a los tipos de actividad laboral:

a. Petróleo

b. Minería

c. Industrias Básicas

d. Comercio

e. Educación

f. Salud

g. Deporte

h. Transporte

i. Construcción

j. Cultores

k. Intelectuales

l. Prensa

m. Ciencia y Tecnología

n. Administración Pública

La información del sector estudiantil, deberá solicitarla de acuerdo a la siguiente clasificación:

a. Educación Universitaria Pública

b. Educación Universitaria Privada

c. Misiones Educativas

El Consejo Nacional Electoral, una vez recibidos los distintos registros, podrá agruparlos por áreas de similar condición y distribuirlos según la base poblacional establecida.

PARÁGRAFO ÚNICO.- A fin de preservar el principio de un o una electora un voto, ninguna elector o electora podrá estar en más de un registro sectorial. A tal efecto, el Consejo Nacional Electoral deberá garantizar este principio de acuerdo al siguiente orden de prelación:

a. Empresarios y Empresarias

b. Campesinos y Campesinas y Pescadores y Pescadoras.

c. Personas con discapacidad

d. Los y las Estudiantes

e. Trabajadores y Trabajadoras

f. Comunas y Consejos Comunales

g. Pensionados y Pensionadas

SEXTO.- La postulación de los candidatos y candidatas se podrá presentar en alguna de las siguientes formas:

1. Por iniciativa propia.

2. Por iniciativa de grupos de electores y electoras.

3. Por iniciativa de los sectores antes mencionados.

PARÁGRAFO ÚNICO.- Para postularse por iniciativa propia, se requiere el respaldo del 3% de los electores y las electoras inscritas en el Registro Electoral de los municipios para la elección de los Constituyentes Territoriales.

En el ámbito sectorial los candidatos y las candidatas serán postulados por el sector correspondiente y debe recibir el respaldo del 3% del Registro del sector al que pertenece.

SÉPTIMO.- Para ser postulado como candidato o candidata a la Asamblea Nacional Constituyente se requiere:

1. Ser venezolano o venezolana por nacimiento, sin otra nacionalidad.

2. Mayor de dieciocho (18) años de edad, a la fecha de la elección.

3. Haber residido cinco (5) años en la entidad correspondiente.

4. Estar inscrito o inscrita en el Registro Electoral.

5. En el ámbito sectorial, se requiere presentar la constancia del postulado como candidato o candidata a la Asamblea Nacional Constituyente, de pertenecer al sector postulante, y las demás que se establezcan en la normativa que se dicte al efecto.

Los y las constituyentes electos o electas, gozarán de inmunidad inherente al ejercicio de sus funciones en los términos que consagrará la Asamblea Nacional Constituyente.

OCTAVO.- Las postulaciones de los candidatos y las candidatas a la Asamblea Nacional Constituyente deberán ser presentadas ante las Juntas Electorales que al efecto determine el Consejo Nacional Electoral.

NOVENO.- No serán elegibles como integrantes a la Asamblea Nacional Constituyente las personas que desempeñen los cargos públicos que se mencionan a continuación: el Presidente de la República, el Vicepresidente Ejecutivo, los Ministros o Ministras, el Secretario o Secretaria de la Presidencia de la República, los Presidentes o Presidentas y Directores o Directoras de los Institutos Autónomos y Empresas del Estado, los Gobernadores o Gobernadoras y Secretarios o Secretarias de Gobierno, de los Estados y autoridades de similar jerarquía del Distrito Capital, los Diputados y Diputadas de la Asamblea Nacional, los Legisladores y Legisladoras de los Consejos Legislativos de los estados, los Alcaldes y Alcaldesas, los Concejales y Concejalas, los Magistrados y Magistradas del Tribunal Supremo de Justicia y demás Jueces y Juezas de la República, la Fiscal General de la República y Fiscales del Ministerio Público, El Defensor del Pueblo y Defensoras y Defensores, el Contralor General de la República, el Procurador General de la República, Militares activos, el Rector y las Rectoras del Consejo Nacional Electoral, a menos que se separe del cargo una vez admitida la postulación ante el Poder Electoral. La Investidura de Constituyente exige la dedicación exclusiva a los deberes inherentes a esta alta función, por lo que es incompatible con cualquier otro destino público o privado.

DÉCIMO.- La Asamblea Nacional Constituyente se instalará en las 72 horas siguientes a la Proclamación de los Constituyentes y las Constituyentes electas y tendrá como sede el Salón Elíptico del Palacio Federal y se regirá por el estatuto de funcionamiento de la Asamblea Nacional Constituyente del año 1999, de manera provisional en cuanto sea aplicable, hasta tanto dicten su propio estatuto de funcionamiento.

DÉCIMO PRIMERO.- Una vez instalada la Asamblea Nacional Constituyente como poder originario que recoge la soberanía popular, deberá dictar sus estatutos de funcionamiento, teniendo como límites los valores y principios de nuestra historia republicana, así como el cumplimiento de los tratados internacionales, acuerdos y compromisos válidamente suscritos por la

República, el carácter progresivo de los derechos fundamentales de los ciudadanos y las ciudadanas y las garantías democráticas dentro del más absoluto respeto de los compromisos asumidos.

Dado en Caracas, a los veintitrés días del mes de mayo de dos mil diecisiete. Años 207° de la Independencia, 158° de la Federación y 18° de la Revolución Bolivariana.

Ejecútese,

(L.S.)

NICOLÁS MADURO MOROS

Refrendado

El Vicepresidente Ejecutivo de la República y Primer Vicepresidente del Consejo de Ministros,

TARECK EL AISSAMI

La Encargada del Ministerio del Poder Popular del Despacho de la Presidencia y Seguimiento de la Gestión de Gobierno y Vicepresidenta Sectorial de Soberanía Política, Seguridad y Paz,

CARMEN TERESA MELÉNDEZ RIVAS

La Ministra del Poder Popular para Relaciones Exteriores,

DELCY ELOÍNA RODRÍGUEZ GÓMEZ

El Ministro del Poder Popular para Relaciones Interiores, Justicia y Paz,

NÉSTOR LUIS REVEROL TORRES

El Ministro del Poder Popular para la Defensa,

VLADIMIR PADRINO LÓPEZ

El Ministro del Poder Popular para la Comunicación e Información,

ERNESTO EMILIO VILLEGAS POLJAK

El Ministro del Poder Popular de Economía y Finanzas y Vicepresidente Sectorial de Economía,

RAMÓN AUGUSTO LOBO MORENO

El Ministro del Poder Popular para Industrias Básicas, Estratégicas y Socialistas,

JUAN BAUTISTA ARIAS PALACIO

El Ministro del Poder Popular para el Comercio Exterior e Inversión Internacional,

JESÚS GERMÁN FARÍA TORTOSA

El Ministro del Poder Popular para la Agricultura Productiva y Tierras,

WILMAR ALFREDO CASTRO SOTELDO

La Ministra del Poder Popular de Agricultura Urbana,

ÉRIKA DEL VALLE FARÍAS PEÑA

El Ministro del Poder Popular de Pesca y Acuicultura,

GILBERTO AMILCAR PINTO BLANCO

El Ministro del Poder Popular para la Alimentación,

RODOLFO CLEMENTE MARCOS TORRES

La Ministra del Poder Popular para el Turismo,

MARLENY JOSEFINA CONTRERAS HERNÁNDEZ

El Ministro del Poder Popular de Petróleo,

NELSON PABLO MARTÍNEZ

El Ministro del Poder Popular de Desarrollo Minero Ecológico,

JORGE ALBERTO ARREAZA MONTSERRAT

El Ministro del Poder Popular de Planificación y Vicepresidente Sectorial de Planificación,

RICARDO JOSÉ MENÉNDEZ PRIETO

El Ministro del Poder Popular para la Salud,

LUIS SALERFI LÓPEZ CHEJADE

La Encargada del Ministerio del Poder Popular para los Pueblos Indígenas,

ALOHA JOSELYN NÚÑEZ GUTIÉRREZ

La Encargada del Ministerio del Poder Popular para la Mujer y la Igualdad de Género,

BLANCA ROSA EEKHOUT GÓMEZ

El Ministro del Poder Popular para la Juventud y el Deporte,
MERVIN ENRIQUE MALDONADO URDANETA

La Ministra del Poder Popular para el Servicio Penitenciario,
MARÍA IRIS VARELA RANGEL

El Ministro del Poder Popular para el Proceso Social de Trabajo,
FRANCISCO ALEJANDRO TORREALBA OJEDA

El Ministro del Poder Popular para la Cultura,
ADÁN COROMOTO CHÁVEZ FRÍAS

El Ministro del Poder Popular para la Educación y Vicepresidente Sectorial para el Desarrollo Social y la Revolución de las Misiones,
ELÍAS JOSÉ JAUA MILANO

El Ministro del Poder Popular para la Educación Universitaria, Ciencia y Tecnología,
HUGBEL RAFAEL ROA CARUCI

El Ministro del Poder Popular para Ecosocialismo y Aguas,
RAMÓN CELESTINO VELÁSQUEZ ARAGUAYAN

El Ministro del Poder Popular para Hábitat y Vivienda,
MANUEL SALVADOR QUEVEDO FERNÁNDEZ

El Ministro del Poder Popular para las Comunas y los Movimientos Sociales y Vicepresidente Sectorial de Desarrollo del Socialismo Territorial,
ARISTÓBULO IZTÚRIZ ALMEIDA

El Ministro del Poder Popular para Transporte y Vicepresidente Sectorial de Obras Públicas y Servicios,
RICARDO ANTONIO MOLINA PEÑALOZA

El Ministro del Poder Popular de Obras Públicas,
CÉSAR ALBERTO SALAZAR COLL

El Ministro del Poder Popular para la Energía Eléctrica,
LUIS ALFREDO MOTTA DOMÍNGUEZ

El Ministro de Estado para la Nueva Frontera de Paz,
GERARDO JOSÉ IZQUIERDO TORRES

Decreto Nº 2.889 04 de junio de 2017

(*Gaceta Oficial* N° 41.165 de 5 de junio de 2017)

NICOLÁS MADURO MOROS
Presidente de la República

Con la bendición de Dios Todopoderoso e inspirado en la grandiosa herencia histórica de nuestros antepasados aborígenes, héroes y heroínas independentistas, en cuya cúspide está el Padre de la Patria, El Libertador Simón Bolívar, y con la finalidad primordial de garantizar la preservación de la paz del País ante las circunstancias sociales, políticas y económicas actuales, en las que severas amenazas internas y externas de factores antidemocráticos y de marcada postura antipatria se ciernen sobre su orden constitucional con el supremo compromiso y voluntad de lograr la mayor eficacia política y calidad revolucionaria en la construcción del socialismo, la refundación de la Nación venezolana, basado en principios humanistas, sustentado en condiciones morales y éticas que persiguen el progreso de la patria y del colectivo, por mandato del pueblo de conformidad con lo establecido en el artículo 226 de la Constitución de la República Bolivariana de Venezuela y en ejercicio de las atribuciones conferidas en los numerales 1 y 2 del artículo 236, en concordancia con lo establecido en los artículos 5° y 22 ejusdem, complementado con lo dispuesto en el Decreto N° 2.878 de fecha 23 de mayo de 2017, publicado en la Gaceta Oficial de la República Bolivariana de Venezuela N° 41.156 de la misma fecha; tomando como fundamento el proceso popular constituyente, Legado del Comandante Hugo Chávez y la Constitución pionera y fundacional de 1999, para que nuestro pueblo, como Poder Constituyente Originario, exprese su férrea voluntad y máxima garantía de defensa de los sagrados derechos y logros sociales conquistados, y que durante mi mandato he luchado por sostener y profundizar,

CONSIDERANDO

Que el Presidente de la República Bolivariana de Venezuela, haciendo uso de las facultades conferidas en la Constitución de la República Bolivariana de Venezuela, de acuerdo con los artículos 347, 348 y 70, norma suprema y fundamental que prevé y organiza sus propios procesos de transformación democrática y participativa y expresan el Poder Constituyente Originario, convocó a una Asamblea Nacional Constituyente, para que el pueblo de Venezuela manifieste su férrea voluntad, con la finalidad primordial de garantizar la preservación de la paz del país ante las circunstancias sociales, políticas y económicas actuales, que implican un proceso de feroz agresión imperialista, la promoción, por parte de sectores minoritarios de la población, del odio racial y social, la violencia como forma de expresión política y el intento de instrumentar un plan que atenta contra el derecho a la paz de todas y de todos,

CONSIDERANDO

Que es necesario garantizar la participación del pueblo venezolano tanto en la conformación de la Asamblea Nacional Constituyente, como en la aprobación del texto que resulte de su labor, a través de la declaración inequívoca de quien ha convocado este proceso constituyente de someter a referéndum aprobatorio el proyecto de constitución que se redacte, garantizando los principios de participación directa y democrática, y la seguridad jurídica, en cumplimiento riguroso de la Constitución de la República Bolivariana de Venezuela.

DICTO

El siguiente,

DECRETO MEDIANTE EL CUAL SE COMPLEMENTA LA PROPUESTA DE BASES COMICIALES PARA LA ASAMBLEA NACIONAL CONSTITUYENTE CONTENIDAS EN EL DECRETO N° 2.878 DE FECHA 23 DE MAYO DE 2017

Artículo Único: Se exhorta a la Asamblea Nacional Constituyente, convocada mediante el Decreto N° 2.830, de fecha 01 de mayo de 2017, la cual será constitucional y democráticamente electa en los comicios que regirá el Consejo Nacional Electoral el 30 de julio de 2017, a que, el proyecto de Constitución que se redacte en su seno, sea sometido a referéndum aprobatorio popular, en los términos establecidos en el artículo 70 de la Constitución de la República Bolivariana de Venezuela, para garantizar el ejercicio pleno de la soberanía de las venezolanas y los venezolanos, consolidando así nuestra democracia participativa y protagónica, y en consecuencia, la paz, el desarrollo y la independencia de la patria bolivariana.

Dado en Caracas, a los cuatro días del mes de junio de dos mil diecisiete. Años 207° de la Independencia, 158° de la Federación y 18° de la Revolución Bolivariana.

Ejecútese,

(L.S.)

NICOLÁS MADURO MOROS

Refrendado

El Vicepresidente Ejecutivo de la República y Primer Vicepresidente del Consejo de Ministros,

TARECK EL AISSAMI

La Encargada del Ministerio del Poder Popular del Despacho de la Presidencia y Seguimiento de la Gestión de Gobierno y Vicepresidenta Sectorial de Soberanía Política, Seguridad y Paz,
> CARMEN TERESA MELÉNDEZ RIVAS

La Ministra del Poder Popular para Relaciones Exteriores,
> DELCY ELOÍNA RODRÍGUEZ GÓMEZ

El Ministro del Poder Popular para Relaciones Interiores, Justicia y Paz,
> NÉSTOR LUIS REVEROL TORRES

El Ministro del Poder Popular para la Defensa,
> VLADIMIR PADRINO LÓPEZ

El Ministro del Poder Popular para la Comunicación e Información,
> ERNESTO EMILIO VILLEGAS POLJAK

El Ministro del Poder Popular de Economía y Finanzas y Vicepresidente Sectorial de Economía,
> RAMÓN AUGUSTO LOBO MORENO

El Ministro del Poder Popular para Industrias Básicas, Estratégicas y Socialistas,
> JUAN BAUTISTA ARIAS PALACIO

El Ministro del Poder Popular para el Comercio Exterior e Inversión Internacional,
> JESÚS GERMÁN FARÍA TORTOSA

El Ministro del Poder Popular para la Agricultura Productiva y Tierras,
> WILMAR ALFREDO CASTRO SOTELDO

La Ministra del Poder Popular de Agricultura Urbana,
> ÉRIKA DEL VALLE FARÍAS PEÑA

El Ministro del Poder Popular de Pesca y Acuicultura,
> GILBERTO AMILCAR PINTO BLANCO

El Ministro del Poder Popular para la Alimentación,
> RODOLFO CLEMENTE MARCOS TORRES

La Ministra del Poder Popular para el Turismo,
> MARLENY JOSEFINA CONTRERAS HERNÁNDEZ

El Ministro del Poder Popular de Petróleo,
> NELSON PABLO MARTÍNEZ

El Ministro del Poder Popular de Desarrollo Minero Ecológico,
JORGE A. ARREAZA MONTSERRAT

El Ministro del Poder Popular de Planificación y Vicepresidente Sectorial de Planificación,
RICARDO JOSÉ MENÉNDEZ PRIETO

El Ministro del Poder Popular para la Salud,
LUIS SALERFI LÓPEZ CHEJADE

La Encargada del Ministerio del Poder Popular para los Pueblos Indígenas,
ALOHA JOSELYN NÚÑEZ GUTIÉRREZ

La Ministra del Poder Popular para la Mujer y la Igualdad de Género,
BLANCA ROSA EEKHOUT GÓMEZ

El Ministro del Poder Popular para la Juventud y el Deporte,
MERVIN ENRIQUE MALDONADO URDANETA

La Ministra del Poder Popular para el Servicio Penitenciario,
MARÍA IRIS VARELA RANGEL

El Ministro del Poder Popular para el Proceso Social de Trabajo,
FRANCISCO ALEJANDRO TORREALBA OJEDA

El Ministro del Poder Popular para la Cultura,
ADÁN COROMOTO CHÁVEZ FRÍAS

El Ministro del Poder Popular para la Educación y Vicepresidente Sectorial para el Desarrollo Social y la Revolución de las Misiones,
ELÍAS JOSÉ JAUA MILANO

El Ministro del Poder Popular para la Educación Universitaria, Ciencia y Tecnología,
HUGBEL RAFAEL ROA CARUCI

El Ministro del Poder Popular para Ecosocialismo y Aguas,
RAMÓN CELESTINO VELÁSQUEZ ARAGUAYAN

El Ministro del Poder Popular para Hábitat y Vivienda,
MANUEL SALVADOR QUEVEDO FERNÁNDEZ

El Ministro del Poder Popular para las Comunas y los Movimientos Sociales y Vicepresidente Sectorial de Desarrollo del Socialismo Territorial,
ARISTÓBULO IZTÚRIZ ALMEIDA

El Ministro del Poder Popular para Transporte y Vicepresidente Sectorial de Obras Públicas y Servicios,
RICARDO ANTONIO MOLINA PEÑALOZA

El Ministro del Poder Popular de Obras Públicas,
CÉSAR ALBERTO SALAZAR COLL
El Ministro del Poder Popular para la Energía Eléctrica,
LUIS ALFREDO MOTTA DOMÍNGUEZ
El Ministro de Estado para la Nueva Frontera de Paz,
GERARDO JOSÉ IZQUIERDO TORRES

ÍNDICE GENERAL

CONTENIDO GENERAL 11

INTRODUCCIÓN: *SOBRE LA CONSTITUCIÓN VENEZOLANA DE 1999 COMO PROMESA INCUMPLIDA O SOBRE LOS 17 AÑOS DE DESPRECIO A UNA CONSTITUCIÓN QUE NUNCA SE APLICÓ* 13

PRIMERA PARTE: *SOBRE LA NECESARIA E INDISPENSABLE PARTICIPACIÓN DEL PUEBLO EN LOS PROCESOS DE REVISIÓN O REFORMA DE LA CONSTITUCIÓN* 49

SEGUNDA PARTE: *EL INCONSTITUCIONAL ANUNCIO DEL PRESIDENTE DE LA REPÚBLICA EL 1º DE MAYO DE 2017 DE CONVOCATORIA A UNA ASAMBLEA NACIONAL CONSTITUYENTE* 55

TERCERA PARTE: *LAS REFORMAS DE LA CONSTITUCIÓN SON EL SIGNO MÁS CARACTERÍSTICO DE LA DEMOCRACIA PARTICIPATIVA QUE LOS GOBERNANTES NO LE PUEDEN ARREBATAR AL PUEBLO* 61

CUARTA PARTE: *NUEVO FRAUDE A LA CONSTITUCIÓN Y A LA VOLUNTAD POPULAR: EL INCONSTITUCIONAL DECRETO PARA CONVOCAR UNA ASAMBLEA CONSTITUYENTE SOLO PARA APROBAR LA REFORMA CONSTITUCIONAL RECHAZADA POR EL PUEBLO EN 2007* 65

QUINTA PARTE: *DE NUEVO SOBRE LA INCONSTITUCIONALIDAD DEL DECRETO Nº 2.830 DEL 1 DE MAYO DE 2017, POR MEDIO DEL CUAL SE CONVOCÓ LA ASAMBLEA NACIONAL CONSTITUYENTE* 71

    1. *Un decreto con base constitucional falsa: dictado en ejercicio de atribuciones inexistentes*.. 72

2. *Un decreto de contenido insolente: supuestamente dictado con la bendición de Dios* 73

3. *Un decreto de contenido irónico: para garantizar la paz cuando el logro es impedir a los venezolanos vivir en paz* ... 74

4. *Un decreto de contenido parcialmente engañoso: inutilidad de una Asamblea Constituyente para la mayoría de los objetivos propuestos* 75

5. *Un decreto de contenido fraudulento al querer eliminar el Estado Constitucional y sustituirlo por un Estado Comunal ya rechazado por el pueblo en 2007* 75

6. *Un decreto dictado como una burla a la forma federal del Estado* 77

7. *Un decreto que encubre la usurpación del poder constituyente originario* 77

8. *Un decreto contradictorio con contenido discriminatorio* 78

SEXTA PARTE: *RESPUESTA A ELÍAS JAUA SOBRE LA INCONSTITUCIONAL CONVOCATORIA DE LA ASAMBLEA NACIONAL CONSTITUYENTE EN MAYO DE 2017* 83

SÉPTIMA PARTE: *LA ASAMBLEA NACIONAL CONSTITUYENTE DE 1999 AL DISCUTIR EL PROYECTO DE CONSTITUCIÓN DE 1999, APROBÓ QUE SOLO EL PUEBLO MEDIANTE "REFERENDO DE CONVOCATORIA" PUEDE CONVOCAR UNA ASAMBLEA NACIONAL CONSTITUYENTE: ANÁLISIS DEL DIARIO DE DEBATES* 97

1. *Texto del anteproyecto sobre la Asamblea Nacional Constituyente sometido a discusión en la Asamblea de 1999* 98

2. *La intención de los proyectistas sobre la necesidad de un referendo de convocatoria de la Asamblea Nacional Constituyente* 99

3. *La admisión expresa por los constituyentistas de que la convocatoria de la Asamblea Nacional Constituyente solo la puede hacer el pueblo mediante referendo* 101

4. *Otras discusiones sobre las normas relativas a la Asamblea Nacional Constituyente* 103

5. *El articulado aprobado en la segunda discusión* 105

OCTAVA PARTE: ***LA ESQUIZOFRENIA CONSTITUYENTE: LAS INCONSTITUCIONALES "BASES COMICIALES" DICTADAS POR EL PRESIDENTE DE LA REPÚBLICA, SIN COMICIOS, USURPANDO LA VOLUNTAD POPULAR Y VIOLANDO EL DERECHO DEL PUEBLO A ELEGIR REPRESENTANTES POR VOTACIÓN UNIVERSAL*** 109

1. *La usurpación de la soberanía popular por el Presidente de la República* 111

2. *La violación del derecho del pueblo de elegir sus representantes mediante voto universal para que representen a la universalidad del pueblo* 113

3. *La inconstitucionalidad de la disparatada elección "territorial" para integrar la Asamblea Constituyente que debería ser "nacional" y no de carácter municipal* 115

4. *La inconstitucionalidad de la elección "sectorial" para integrar una Asamblea Constituyente con representación que debería ser "nacional" y no de sectores de la población* 118

NOVENA PARTE: ***EL FRAUDE A LA CONSTITUCIÓN Y A LA VOLUNTAD POPULAR POR PARTE DE LA SALA CONSTITUCIONAL DEL TRIBUNAL SUPREMO AL NEGARLE AL PUEBLO SU PODER EXCLUSIVO DE CONVOCAR UNA ASAMBLEA NACIONAL CONSTITUYENTE*** 123

DÉCIMA PARTE: ***EL DESPRECIO A LAS PREVISIONES CONSTITUCIONALES DE 1999 POR EL JUEZ CONSTITUCIONAL, CONSIDERANDO AJUSTADAS A LAS MISMAS LAS INCONSTITUCIONALES "BASES COMICIALES" DICTADAS PARA LA CONFORMACIÓN DE LA ASAMBLEA NACIONAL CONSTITUYENTE*** 131

DÉCIMA PRIMERA PARTE: ***LA ESENCIA DE LA PROPUESTA CONSTITUYENTE DE 2017: LA CREACIÓN DEL ESTADO COMUNAL EN SUSTITUCIÓN DEL ESTADO DEMOCRÁTICO Y SOCIAL DE DERECHO Y DE JUSTICIA COMO TAREA QUE QUEDÓ "PENDIENTE" DESDE 2007*** 139

TEXTOS DE LOS DECRETOS SOBRE LA ASAMBLEA NACIONAL CONSTITUYENTE 149

Decreto N° 2.830 de 1 de mayo de 2017 (Gaceta Oficial N° 6295 Extra de 1 de mayo de 2017). 149

Decreto N° 2.878 de 23 de mayo de 2017 (Gaceta Oficial N° 41156 de 23 de mayo de 2017) 157

Decreto N° 2.889 de fecha 4 de junio de 2017 (Gaceta Oficial N° 41.165 de 5 de junio de 2017) 169

ÍNDICE GENERAL 175

www.ingramcontent.com/pod-product-compliance
Lightning Source LLC
Chambersburg PA
CBHW021811220426
43662CB00006B/266